MENTE ABIERTA, CORAZÓN ABIERTO

La dimensión contemplativa del Evangelio

THOMAS KEATING, O.C.S.O.

MENTE ABIERTA, CORAZÓN ABIERTO

La dimensión contemplativa del Evangelio

2ª edición

DESCLÉE DE BROUWER
BILBAO - 2006

1ª edición: noviembre 2006
2ª edición: mayo 2007

Título de la edición original:
Open Mind, Open Heart: The Contemplative Dimension of the Gospel

Traducción: *Ilse Reisser*

Henao, 6 - 48009 Bilbao
www.edesclee.com
info@edesclee.com

Impreso en España - Printed in Spain
ISBN: 978-84-330-2107-6
Depósito Legal: BI-2623/06

ÍNDICE

ORACIÓN AL ESPÍRITU SANTO

Inspirada por el himno en latín "Veni Sancti Spiritus"

Ven, Espíritu Santo, derrama desde las profundidades de la Trinidad un rayo de tu Luz, esa Luz que ilumina nuestras mentes y, al mismo tiempo, fortalece nuestra voluntad de seguirla.

Ven, Padre de los pobres, de los pobres de espíritu, a quienes te deleitas en llenar con la plenitud de Dios.

Eres más que un dispensador de dones, has donado tu propio ser, el Don Supremo, el Don del Padre y del Hijo.

¡Eres el mejor consolador! ¡Qué huésped más encantador eres! Tu conversación, aunque en completo silencio, es en sí misma toda dulzura. ¡Qué refrescantes son tus consuelos! Como una caricia, calman en un instante, disipan toda duda y tristeza.

En la ardua labor de combatir las tentaciones, allí estás Tú prometiéndonos la victoria. Tu presencia es nuestra victoria. Nuestros tímidos corazones son inducidos por tu inmensa suavidad para confiar en Ti.

En la más grande de todas nuestras labores, la lucha por la entrega total de nuestro ser, Tú eres nuestro reposo, nuestra paz, en la profundidad de nuestras almas.

En lo más duro de la batalla, tu aliento nos refresca y calma nuestras pasiones rebeldes, aquietando nuestros temores cuando nos sentimos derrotados. Tú enjugas nuestras lágrimas cuando caemos. Eres Tú el que concede la gracia de la compunción y la esperanza sin reservas en el perdón.

¡Oh delirio de Luz bienaventurada! Llena lo más recóndito de los corazones de tus hijos que te son fieles.

Sin Ti, no existe en nosotros vida divina, o virtud alguna. Si nos privas de tu aliento, nuestro espíritu perecerá; no podrá volver a tener vida hasta que tus labios se posen sobre nuestras bocas y soplen en ellas el aliento de vida.

Tu mano se posa sobre nosotros como rocío, sin embargo actúas con mano fuerte. Tan suave como la más suave de las brisas, también te encuentras en el remolino.

Como llamarada de una inmensa hoguera, consumes todas nuestras facultades, pero sólo para derretir la dureza de nuestros corazones.

Nos arrojas delante de Ti como hojas secas bajo el fuerte viento del invierno, pero sólo para que nuestros pies encuentren el sendero angosto.

Ahora, derrama sobre nosotros torrentes de agua, como un viento poderoso, para que sean lavados nuestros pecados. Empapa con tu gracia nuestros corazones secos. Alivia las heridas que has cauterizado.

Otorga tus siete sagrados dones a todos los que confían en Ti con esa confianza que sólo Tú puedes dar.

¡Concédenos la recompensa de la virtud, es decir, tu propio Ser! ¡Concédenos perseverar hasta el fin! ¡Y luego, gozo eterno!

Amén.

INTRODUCCIÓN

Vivimos en una época en que toda la cristiandad, en sus diferentes ramificaciones, se encuentra ante una oportunidad maravillosa. Muchos creyentes sinceros buscan ansiosamente experimentar la oración contemplativa. Junto con esta aspiración, existe una expectativa creciente de que los líderes de las comunidades locales prediquen el Evangelio basados en su experiencia personal de la oración contemplativa. Esto podría ocurrir si en la formación de los futuros sacerdotes y ministros, se da a la oración y a la espiritualidad igual importancia que a la educación académica, y si la espiritualidad es enseñada al ministerio laico como una parte básica de su programa de formación. En todo caso, hasta que el liderazgo espiritual no llegue a ser una realidad en los círculos cristianos, muchos seguirán buscando en otras tradiciones religiosas la experiencia espiritual que no encuentran en la propia. Si hubiese una renovación difundida de la predicación y la práctica de la dimensión contemplativa del Evangelio, aumentarían las posibilidades de una reunión de las distintas iglesias cristianas, el diálogo con las otras religiones del mundo se asentaría en la experiencia espiritual, y todas las religiones unidas podrían dar un testimonio claro de los valores humanos que todas comparten.

La "oración centrante" es un esfuerzo para renovar las enseñanzas de la tradición cristiana acerca de la oración contemplativa, al tratar de presentar esa tradición en una forma contemporánea y poner en ella cierto orden y método. El término "contemplación", al igual que el de "oración centrante", ha llegado a adquirir varios significados. Para mayor claridad, parecería mejor reservar el término de "oración centrante" para el método específico de prepararse para el don de la contemplación, que se describe en el Capítulo Tercero, y regresar al término tradicional de "oración contemplativa" cuando se quiera describir su desenvolvimiento bajo la inspiración directa del Espíritu Santo.

Este libro es el resultado de numerosos talleres sobre la práctica de la oración; incluye muchas preguntas de los asistentes que provienen de distintos niveles de experiencia. Las inquietudes expresadas por los participantes nacen de sus experiencias en la práctica de la oración centrante. De ahí que las preguntas a que da lugar una práctica diaria de la oración, después de varios meses, sean diferentes a aquellas que surgen durante las primeras semanas. Con frecuencia el que interroga está indagando más de lo que indica expresamente el contenido de su pregunta. Las respuestas están orientadas a facilitar el proceso de escucha que el método de la oración centrante inicia. Junto con las siguientes presentaciones, van a proporcionar gradualmente una base conceptual para la práctica contemplativa.

La oración contemplativa es un proceso de transformación interior, una conversación iniciada por Dios que nos lleva a la unión divina, si damos nuestro consentimiento, y que cambia nuestra manera de apreciar la realidad. Da lugar a una reestructuración de la conciencia que capacita a la persona para percibir, relatar y responder con una sensibilidad cada vez mayor a la Presencia divina, dentro, a través y más allá de todo lo creado.

I

LA HISTORIA DE LA ORACIÓN CONTEMPLATIVA EN LA TRADICIÓN CRISTIANA

Los primeros quince siglos de la era cristiana se caracterizaron por una actitud positiva hacia la contemplación. Desafortunadamente, a partir del siglo XVI prevaleció una actitud negativa. Para poder entender la situación en que actualmente se hallan nuestras iglesias con respecto a la experiencia religiosa, puede ser de gran ayuda un repaso de la historia de la oración contemplativa.

La palabra "contemplación" es un término algo ambiguo y la razón es que a través de los siglos fue adquiriendo diferentes significados. La Biblia griega, para enfatizar el conocimiento de Dios basado en la experiencia vivida, usó la palabra "gnosis" en la traducción del término hebreo "da'ath" cuyo significado, mucho más extenso, implicaba un tipo de conocimiento íntimo que involucra a toda la persona y no sólo a su mente.

San Pablo usó en sus epístolas la palabra "gnosis" para describir el conocimiento de Dios, propio de aquellos que Lo aman. Continuamente pedía que sus discípulos llegasen a tener ese íntimo conocimiento y sus oraciones indicaban que para él esto era un elemento indispensable para que la vida cristiana pudiese desarrollarse en plenitud.

Los Padres griegos, y especialmente Clemente de Alejandría, Orígenes y Gregorio de Nisa, adoptaron el término "theoría" de los neoplatónicos, cuyo significado original era una visión intelectual de la verdad, considerada por los filósofos griegos como la suprema actividad de una persona sabia. A este término técnico los Padres le añadieron el significado del "da'ath" hebreo que, como ya vimos, es el conocimiento que nace de la experiencia basada en el amor. Cuando el término "theoría" fue traducido al Latín como "contemplatio" este significado más amplio fue entonces transmitido en la tradición cristiana como un legado hasta nuestros tiempos.

Esta tradición fue resumida por Gregorio Magno a fines del siglo VI, cuando describió la contemplación como el conocimiento de Dios que está impregnado de amor. Para Gregorio, la contemplación es el fruto de reflexionar sobre la palabra de Dios en las Escrituras, además de ser un regalo del Señor. Es descansar en Dios. En este descanso o quietud, la mente y el corazón no están buscando a Dios activamente, sino que comienzan a experimentar, a saborear, lo que han estado buscando. Esto los lleva a un estado de tranquilidad y profunda paz interior. Este estado no consiste en suspender toda acción, sino que es la combinación de unos pocos actos de la voluntad muy simples que harán que la atención se mantenga fija en Dios, con la percepción amorosa de que Él está presente.

Esta interpretación de que la contemplación consistía en el conocimiento de Dios basado en la experiencia intima de Su presencia, permaneció intacta hasta el fin del Medioevo. Las disciplinas ascéticas siempre estuvieron encauzadas hacia la meta final de llegar a la contemplación, objetivo acertado de toda práctica espiritual.

El método de oración que se propuso, tanto para el laicado como para el clero, durante los primeros siglos de la cristiandad, se llamaba "lectio divina" que se traduce literalmente como "lectura divina", una práctica que involucraba la lectura de las Sagradas Escrituras, y más específicamente, el escuchar lo que se leía. Los monjes repetían las palabras del texto sagrado con sus labios hasta que sus cuerpos entraban a formar parte del proceso. Lo que perseguían era cultivar, a través de la "lectio divina", su capacidad para escuchar y prestar atención interior a niveles cada vez más profundos. Orar era su forma de responder al Dios que les hablaba por medio de las Escrituras y al cual daban alabanza en la liturgia.

La parte reflexiva, que consistía en meditar sobre las palabras del texto sagrado, se llamaba "meditatio" es decir, "meditación". El movimiento espontáneo en que la voluntad respondía a estas reflexiones, se llamaba "oratio", es decir, "oración afectiva". A medida que estas reflexiones y actos de la voluntad se iban simplificando, la persona se trasladaba a un estado de descanso en la presencia de Dios, que era lo que se entendía por "contemplatio" o "contemplación".

Estos tres actos, meditación discursiva, oración afectiva y contemplación, pueden presentarse durante el mismo período de oración. Están entrelazados. Al igual que los ángeles suben y bajan por la escalera de Jacob, se suponía que la atención de la persona subía y bajaba por la escalera del consciente. A veces se alababa al Señor con los labios, otras veces con los pensamientos, otras con actos de la voluntad, y otras con la atención absorta en la contemplación. Se consideraba que la contemplación era la consecuencia normal de escuchar la palabra de Dios. El acercarse a Dios no estaba dividido en compartimentos de meditación discursiva, oración afectiva, y contemplación. El término "oración mental", con sus categorías distintivas, no existía en la tradición cristiana con anterioridad al siglo XVI.

Alrededor del siglo XII tuvo lugar un desarrollo muy marcado en la forma de pensar religiosa. Se fundaron las grandes escuelas de teología. Fue la época en que surgieron el análisis preciso en cuanto a conceptos, la división entre género y especies, las definiciones y clasificaciones. Esa capacidad cada vez más pronunciada para el análisis supuso un desarrollo de gran importancia para la mente humana. Por desgracia, esta misma pasión por el análisis en el campo de la teología ejercería su influencia más adelante sobre la práctica de la oración y le pondría fin a la simple y espontánea forma de orar de la Edad Media, que se basaba en "lectio divina" y llevaba a la contemplación. Los maestros de espiritualidad del siglo XII, tales como Bernardo de Claraval, Hugo y Ricardo de San Víctor y Guillermo de Saint Thierry, se dedicaron a desarrollar una interpretación teológica de la oración y la contemplación. En el siglo XIII los franciscanos crearon métodos de meditación que se basaban en dichas enseñanzas, y que ganaron gran popularidad.

Durante los siglos XIV y XV, la peste bubónica y la Guerra de los Cien Años diezmaron pueblos, ciudades y comunidades religiosas, en la misma época en la que el nominalismo y el Gran Cisma producían una decadencia general, moral y espiritual. Alrededor del año 1380 surgió en los Países Bajos un movimiento de renovación llamado "Devotio Moderna", que luego se difundió por Italia, Francia y España, como una réplica a la necesidad general de una reforma. En un momento de la historia en el cual las instituciones y estructuras se desmoronaban, el movimiento de la "Devotio Moderna" buscó utilizar la fuerza moral emanada de la oración para fomentar la autodisciplina. Hacia fines del siglo XV se crearon los métodos de oración mental, un nombre muy adecuado puesto que con el paso del tiempo se tornaban cada vez más complicados y sistematizados. Cabe la aclaración de que, a pesar de la proliferación de los métodos sistemáticos de oración, la contemplación continuaba siendo el objetivo máximo de la práctica espiritual.

Al avanzar el siglo XVI, la oración mental llegó a dividirse en tres: la meditación discursiva cuando predominaban los pensamientos; la oración afectiva cuando el énfasis se ponía en los actos de la voluntad; y la contemplación si predominaban las gracias infundidas por Dios mismo. La meditación discursiva, la oración afectiva y la contemplación dejaron de ser partes de un mismo período de oración para pasar cada una a ser una forma definida y precisa de orar, cada una con su respectivos objetivos, métodos y propósitos. Esta división del desarrollo de la oración para colocarla en unidades o compartimentos totalmente separados el uno del otro, contribuyó a reforzar la noción incorrecta de que la contemplación era una gracia extraordinaria, reservada para unos pocos. La tendencia era pensar que la posibilidad de que la oración se convirtiese en contemplación era muy remota. El progreso natural de la oración hasta llegar a la contemplación, no encajaba en las categorías que estaban aprobadas y, por lo tanto, no se recomendaba.

Junto con esta disminución de la tradición viviente de la contemplación cristiana, la vida espiritual tuvo que enfrentarse con los nuevos retos que trajo consigo el Renacimiento. Se acabaron las instituciones religiosas y el entorno social que apoyaban al individuo. Era imperativo y necesario reconquistar el mundo para Cristo, en vista de los elementos paganos que se estaban apoderando de la cristiandad. No es sorprendente que entonces aparecieran nuevas formas de orar que encajaban mejor en el ministerio apostólico. El nuevo énfasis en la vida apostólica requería una transformación en las formas de espiritualidad transmitidas hasta ese momento por los monjes y los mendigos. El genio y la experiencia contemplativa de San Ignacio de Loyola lo inspiraron para canalizar la tradición contemplativa, que corría peligro de perderse, en una forma que fuese apropiada para la nueva era.

Los "Ejercicios de San Ignacio" compuestos entre 1522 y 1526, juegan un papel muy importante para poder entender el estado de espiritualidad presente en la Iglesia Católica Romana. Los *Ejercicios Espirituales* proponen tres métodos de oración. Las meditaciones discursivas prescritas para la primera semana están relacionadas con las tres facultades del ser humano: memoria, intelecto y voluntad. La memoria recuerda el punto escogido de antemano como el tema de la meditación discursiva.; el intelecto reflexiona sobre las lecciones que la persona quiera sacar del mismo; y la voluntad hace promesas que se basan en el mismo punto, con el fin de poner en práctica dichas lecciones. Es así como se llega a una reforma de vida.

El término "contemplación" que se usa en los *Ejercicios Espirituales* tiene un significado diferente al tradicional. Consiste en imaginar y "contemplar" un objeto concreto, como por ejemplo, contemplar a los personajes del Evangelio como si estuviesen presentes, oír lo que están diciendo, relacionándose y contestando a las palabras que pronuncian y a sus actos. Este método, que es el prescrito para la segunda semana, tiene como objetivo el desarrollo de la oración afectiva.

El tercer método de oración en los *Ejercicios Espirituales* se denominó la aplicación de los cinco sentidos. Consiste en aplicar sucesivamente los cinco sentidos al objeto de la meditación, espiritualmente. Este método está diseñado para preparar a los principiantes para la contemplación en el sentido tradicional de la palabra y para promover el desarrollo de los sentidos espirituales en aquellos más avanzados en la oración.

Vemos, entonces, que Ignacio no propuso que se siguiera sólo un método de oración. La tendencia que desafortunadamente redujo los *Ejercicios Espirituales* a un sólo método, el de meditación discursiva, parece provenir de los mismos Jesuitas. En 1574 el Padre General de los Jesuitas, en una misiva dirigida a la provincia española de la Compañía, prohibió la práctica de la oración afectiva y la de la aplicación de los cinco sentidos, prohibición que fue repetida en 1578. Fue así como la vida espiritual de un segmento importante de la Compañía de Jesús se vio limitada a un sólo método de oración, a saber, la meditación discursiva, de acuerdo con las tres fuerzas intelectuales. El carácter predominantemente intelectual de esta meditación continuó ganando importancia a través de toda la Compañía en el curso de los siglos XVIII y XIX. La mayoría de los manuales sobre espiritualidad escritos hasta este siglo, limita su instrucción al tema de meditación discursiva.

Para alcanzar a captar en toda su extensión el impacto de lo anterior sobre la historia reciente de la espiritualidad católica romana, tengamos en cuenta la influencia penetrante que ejercieron los Jesuitas en su papel de representantes de la Contra-Reforma. Muchas de las comunidades religiosas que se fundaron en los siglos posteriores adoptaron las normas de la Constitución de la Compañía de Jesús, recibiendo simultáneamente la espiritualidad que enseñaba y practicaba la Compañía junto con las limitaciones impuestas, no por San Ignacio, sino por sus menos inspirados sucesores.

El deseo de San Ignacio fue proveer una formación espiritual que fuera un antídoto adecuado para el nuevo espíritu secular e individualista del Renacimiento, y una forma de contemplación adaptada a las necesidades apostólicas de sus tiempos. Los *Ejercicios Espirituales* estaban diseñados para formar contemplativos en acción. Teniendo en cuenta la inmensa y beneficiosa influencia de la Compañía, se podría afirmar que si a sus miembros se les hubiese permitido practicar los *Ejercicios Espirituales* de acuerdo a la idea original de San Ignacio y a cómo él intentó que fueran, o si hubiesen prestado más atención a sus propios maestros, como fueron los padres Lallemant, Surin, Grou y De Caussade, el estado actual de la espiritualidad de los católicos romanos sería muy diferente.

Hubo otros eventos que contribuyeron a que las autoridades católicas romanas vacilaran en apoyar la oración contemplativa. Uno de ellos fue la controversia referente al "Quietismo", un conjunto de enseñanzas espirituales que fueron condenados por el Papa Inocencio, en 1687, por tratarse de un falso misticismo. Eran unas enseñanzas bastante ingeniosas; consistían en que se hacía un acto de amor a Dios de una vez y por siempre, por medio del cual la persona se entregaba totalmente a él con la firme intención de no echarse nunca para atrás. Siempre y cuando la persona no retirase esa intención de pertenecer enteramente a Dios, la unión divina estaba asegurada y no se precisaba ningún esfuerzo adicional, ni dentro ni fuera de la oración. Parece que la gran diferencia entre una intención que se dedica una sola vez, por más importante que sea, y el establecimiento de la misma como una disposición permanente, pasó desapercibida para la mayoría.

En Francia floreció una forma más atenuada de esta doctrina hacia fines del siglo XVII, que llegó a conocerse como el "Semi-Quietismo" El Obispo Boussuet, capellán de la corte de Luis XIV, se convirtió en uno de los peores enemigos de esta forma atenuada del Quietismo y logró que se condenara en Francia. No está muy claro de qué exageraciones se valió al referirse a la enseñanza, lo cierto es que la controversia le dio muy mala reputación al misticismo tradicional. De ahí en adelante, no se aprobaba ninguna lectura acerca del misticismo en los seminarios y en las comunidades religiosas. En su libro *La Historia Literaria del Pensamiento Religioso en Francia*, Henri Bremond relata que no se encuentra ningún escrito sobre el misticismo, que valga la pena, en el transcurso de los siglos siguientes. Los autores místicos del pasado fueron ignorados, al extremo de que algunos pasajes de las obras de San Juan de la Cruz se consideraba que apoyaban el Quietismo, forzando a sus editores a bajar el tono o modificar algunas de sus afirmaciones. Sus manuscritos originales tan sólo reaparecieron en este siglo, cuatrocientos años después de haber sido escritos.

Otro paso atrás en la espiritualidad cristiana se debió a la herejía del "Jansenismo", que tomó fuerza durante el siglo XVII. A pesar de que eventualmente también fue condenado, dejó tras de sí una actitud generalizada contra el ser humano que prevaleció durante el siglo XIX y perduró hasta el siglo XX. El "Jansenismo" pone en duda la universalidad de la acción redentora de Jesús, así como la bondad intrínseca de la naturaleza humana. La forma pesimista de piedad que auspiciaba se extendió por medio de los emigrantes de la Revolución Francesa hacia las regiones de habla inglesa, incluyendo Irlanda y los Estados Unidos de América. Teniendo en cuenta que la gran mayoría de los sacerdotes y religiosas que llegaron a este país procedían de Irlanda y Francia, la estrechez de mente del Jansenismo, junto con su ascetismo distorsionado, llegó a afectar profundamente la atmósfera psicológica que rodeaba a nuestros seminaristas y órdenes religiosas. Todavía hoy los sacerdotes y personas religiosas están tratando de sacudirse los últimos remanentes de la actitud negativa que absorbieron en el curso de su formación ascética.

Otra tendencia poco saludable en la Iglesia moderna fue el énfasis exagerado que se daba a las devociones y revelaciones privadas y a las apariciones. Esto llevó a que perdieran su valor tanto la liturgia como los valores comunitarios y la percepción de misterio trascendente que una buena liturgia engendra. En la mente popular se continuaba considerando a los contemplativos como santos, magos o, cuando menos, personas excepcionales. La verdadera naturaleza de la contemplación permaneció en la oscuridad o confundida con fenómenos tales como la levitación, las locuciones, los estigmas y las visiones, que aunque se relacionan con aquella, son accidentales y no una parte esencial de la misma.

En el siglo XIX hubo muchos santos, pero pocos mencionaron o escribieron acerca de la oración contemplativa. Tuvo lugar una renovación de la espiritualidad en la ortodoxia oriental, pero la corriente principal del desarrollo Romano Católico fue de un carácter legalista, con una cierta nostalgia por el Medioevo y por las influencias políticas de que disfrutaba la Iglesia en aquellos tiempos.

El abad Cuthbert Butler, en su libro *Misticismo occidental*, resume las enseñanzas aceptadas por todos durante los siglos XVIII y XIX:

> *A excepción de personas con vocaciones excepcionales, la oración normal que practicaba la mayoría, incluyendo monjas y monjes contemplativos, obispos, sacerdotes y personas laicas, era una meditación sistemática que seguía un solo método, que podía ser uno de los cuatro siguientes: La meditación de acuerdo con los tres poderes descritos en los "Ejercicios Espirituales" de San Ignacio; el método de San Alfonso (que era una ligera modificación de los "Ejercicios Espirituales"), el método descrito por San Francisco de Sales en "Una Introducción a la Vida Devota", o el método de San Sulpicio.*

Todos estos métodos son de meditación discursiva. La contemplación se consideraba un fenómeno extraordinario, y se consideraba como milagrosa y peligrosa a la vez, algo para ser admirado desde una distancia prudente por los laicos, los sacerdotes o las personas religiosas.

El último clavo martillado en el ataúd de la enseñanza tradicional fue la creencia de que sería arrogante pretender aspirar a la oración contemplativa. A los novicios y a los seminaristas se les presentaba un concepto altamente mutilado de la vida espiritual, que no estaba de acuerdo ni con las Escrituras ni con la tradición y la experiencia normal del crecimiento por medio de la oración. Si la persona trata de continuar con la meditación discursiva después de que el Espíritu Santo lo ha llamado a ir un paso más allá, como suele hacer, es seguro que terminará en un estado de máxima frustración. Es normal que la mente humana se movilice en medio de muchas reflexiones sobre el mismo tema hasta llegar a una sola visión que lo abarca todo, y que luego simplemente descanse al contemplar la verdad. Cuando la gente devota se acercaba espontáneamente a este progreso en su oración, se enfrentaba con la actitud negativa que prevalecía hacia la contemplación. No se decidían a ir más allá de la meditación discursiva o la oración afectiva porque los detenían todas las advertencias que habían recibido sobre los peligros de la contemplación. Por último, o abandonaban del todo la oración mental por tratarse de algo de lo cual evidentemente no eran merecedores, o, por misericordia de Dios, hallaban la manera de perseverar a pesar de lo que parecían ser obstáculos insalvables.

En todo caso, la enseñanza posterior a la Reforma, que se oponía totalmente a la contemplación, era todo lo contrario de la enseñanza original –una tradición que se enseñó sin interrupción durante quince siglos– que sostenía que la contemplación era la evolución normal de una vida espiritual genuina y que, por lo tanto, era asequible para todos los cristianos.

Estos hechos históricos pueden ayudar a explicar cómo la espiritualidad tradicional del Occidente se llegó a perder en los últimos siglos y por qué el Concilio

Vaticano II tuvo que prestarle atención directamente a este problema tan agudo y decidirse a auspiciar la renovación espiritual.

Son dos las razones por las cuales la oración contemplativa está siendo el objeto de renovada atención en nuestros tiempos. Una es que los estudios históricos y teológicos han desempolvado las enseñanzas íntegras de San Juan de la Cruz y otros maestros de la vida espiritual. La otra es el reto oriental que surgió tras la II Guerra Mundial. Otros métodos de meditación, muy parecidos a la oración contemplativa de la tradición cristiana, se han esparcido, producido buenos resultados y recibido bastante publicidad. De acuerdo a la "Declaración sobre la Relación de la Iglesia con otras Religiones no Cristianas" (Vaticano II), es importante apreciar los valores que se encuentran en las enseñanzas de las otras grandes religiones del mundo. Las disciplinas espirituales de Oriente poseen una sabiduría psicológica altamente desarrollada. Los líderes y maestros cristianos necesitan familiarizarse con las mismas si quieren ponerse a la altura en la que la población se encuentra hoy día. Muchos, entre los que buscan la verdad con seriedad, estudian las religiones orientales, se matriculan en cursos universitarios para entenderlas y practican formas de meditación inspiradas y enseñadas por los maestros orientales.

La teología mística en la Iglesia Católica Romana comenzó a revivir con la publicación de *Las Categorías de la Vida Espiritual*, escrito por Abbé Saudreau en 1896. Basó su investigación en las enseñanzas de San Juan de la Cruz. Estudios posteriores confirmaron la sabiduría de su elección. San Juan de la Cruz enseña que la contemplación comienza con lo que él llama "la noche de los sentidos". Este es un territorio desconocido entre la actividad propia y la inspiración directa del Espíritu Santo, en el cual es casi imposible tener pensamientos que generen devociones sensoriales. Esta es una experiencia común entre aquellos que han practicado la meditación discursiva por un período de tiempo extenso. Se llega a un punto en el que no hay nada nuevo que decir, pensar, o sentir. Si en este punto no se tiene una dirección en la vida de la oración, uno no sabrá qué hacer excepto, tal vez, levantarse de la silla y alejarse. La noche del espíritu es un madurar semejante al proceso de transición de la niñez a la adolescencia en la vida cronológica. La emotividad y el sentimentalismo, propio de la niñez, comienzan a dejarse de lado para dar paso a una relación más madura con Dios. Al mismo tiempo, las facultades, por el hecho de que Dios ya no apoya los sentidos o la razón, parecen convertirse en inservibles. Uno se va convenciendo cada vez más de que simplemente ya no puede orar.

San Juan de la Cruz dice que todo lo que uno tiene que hacer en este estado es mantener la paz, sin tratar de pensar, y permanecer delante de Dios con fe en Su presencia, retornando continuamente a Él como si se abrieran los ojos para mirar a un ser querido.

En un notable pasaje de *La Llama de Amor Viva*[1], en el cual describe detalladamente la transición de una devoción razonada a una intimidad espiritual con Dios, San Juan de la Cruz dice que cuando no podamos discernir con la razón o hacer actos de la voluntad durante la oración, deberíamos dar a esta situación una calmada bienvenida. Se comenzará entonces a experimentar paz, tranquilidad y fortaleza, porque Dios está ahora alimentando el alma directamente, derramando su gracia solamente sobre la voluntad y atrayéndola misteriosamente hacia sí. Los que se encuentran en este estado sienten gran ansie-

---

1. Estrofa III, 26-59.

dad, pues piensan que están retrocediendo. Creen que todo lo bueno que experimentaron durante los primeros años de su conversión ha llegado a su fin, y si uno les pregunta cómo va su vida de oración, levantarán las manos en un gesto de desesperación. Lo cierto es que si se insiste en hacerles preguntas, revelarán que sienten un gran deseo de aprender cómo orar y que disfrutan estar a solas con Dios, a pesar de que no pueden deleitarse en Él. Es evidente, entonces, que está presente una atracción secreta a un nivel profundo de su psique. Este es el elemento que infunde la oración contemplativa. El amor divino es el elemento infuso. Si se le concede un quieto descanso, pasará de ser una simple chispa a una llama de amor viva.

San Juan de la Cruz afirma que aquellos que se entregan a Dios se introducen muy rápidamente en *la noche de los sentidos*. Este desierto interior es el comienzo de la oración contemplativa aun cuando no sean conscientes de ello. La relación entre la actividad propia y la infusión de gracia es tan delicada que por lo general la persona no se apercibe de ella de inmediato. Puesto que la noche de los sentidos ocurre a menudo, es importante que los directores espirituales estén disponibles para ayudar al cristiano a apreciar y dar la bienvenida a este desarrollo, y a reconocerlo por los indicativos que sugiere San Juan de la Cruz. Si se sale adelante de esta transición, se está bien encaminado para convertirse en un cristiano dedicado y efectivo, totalmente sujeto a la dirección de los dones del Espíritu.

¿Cuánto tarda ese "muy rápido" de las enseñanzas de San Juan de la Cruz? ¿Años, meses, semanas? No lo aclara. Pero la idea de que uno tiene que someterse a muchos años de pruebas sobrehumanas, encerrarse detrás de los muros de un convento o machacarse con diversas prácticas ascéticas antes de poder aspirar a la contemplación, es una actitud jansenista o, como poco, una presentación inadecuada de la tradición cristiana. Lo correcto es exactamente lo opuesto, cuanto más pronto se pueda experimentar la oración contemplativa, tanto más rápidamente se percibirá la dirección hacia la cual se dirige la jornada espiritual. De esa intuición nacerá la motivación para hacer todos los sacrificios requeridos para perseverar en el camino.

Como se indica en la introducción de este libro, en este texto se incluyen, cuando viene al caso, preguntas que hacen los participantes en los talleres sobre la práctica de la oración centrante. El siguiente párrafo contiene la primera de dichas preguntas. Otras aparecen a lo largo del libro doquiera que se considera puedan ser de utilidad para el lector:

> *"La Nube del No Saber" tiene mucho que decir sobre cómo el cristiano debe alistarse en este movimiento hacia la oración contemplativa. Da a entender que no todas las personas están llamadas a practicarla, y proporciona indicativos para saber si uno está llamado o no para la misma. Sin embargo, parecería que hoy día se le ofrece a todos, no sólo por maestros que enseñan la oración centrante, sino también por maestros de la meditación oriental. Parecería que está a la disposición de todos.*

La idea de que las personas laicas emprendan el camino espiritual no es algo nuevo. Lo que sucede es que simplemente no ha gozado de popularidad durante los últimos mil años. En las tradiciones espirituales de las diferentes religiones del mundo, tanto de Oriente como de Occidente, la tendencia ha sido aislar a los que van en pos de este camino, colocarlos en lugares especiales, y yuxtaponerlos con los que llevan una vida de familia, profesional o de negocios en el mundo. Pero esta distinción está comenzando a cambiar. Por ejemplo, los sabios de la India han empezado a compartir sus secretos con el vulgo. En la antigüedad había que irse al bosque para encontrar un maestro, y ahora podemos encontrar en cualquier país del mundo Occidental maestros sobresalientes de diferentes tradiciones espirituales orientales, que ofrecen enseñanzas avanzadas a cualquiera que esté interesado en ellas. Desafortunadamente, junto con estas tradiciones, han aparecido expresiones inferiores de las mismas. En todo caso, ha habido un movimiento en las religiones orientales que hace más accesibles las disciplinas esotéricas a aquellas personas que llevan vidas comunes y corrientes.

Con respecto a la tradición cristiana, el expositor de la escuela teológica de Alejandría del siglo IV, Orígenes, consideraba que la comunidad cristiana en el mundo era el lugar apropiado para practicar la ascesis. Fue sólo a través del ejemplo de Antonio de Egipto y del libro que Atanasio escribió sobre ese tema, como se estableció la práctica de que había que dejar atrás el mundo para seguir la ruta cristiana hacia la divina unión. En ningún momento fue su intención convertirla en la única forma de lograr esa unión, pero las movilizaciones masivas suelen ir acompañadas de una popularidad que puede fosilizar o caricaturizar dicho movimiento. Tiene que venir una nueva ola de renovación espiritual antes de que se pueda recapacitar y precisar la diferenciación necesaria. Cuando los movimientos se han convertido en instituciones, esto puede requerir mucho tiempo. La esencia de la vida monástica no es la estructura del monasterio, sino su práctica interior, y el alma de la práctica interior es la oración contemplativa.

En *La Epístola del Consejo Privado* escrita por el autor de *La Nube del No Saber* hacia el final de su vida, éste reconoce que la llamada a la oración contemplativa es más común de lo que originalmente pensó. En la práctica creo que podemos enseñar a la gente a proceder en tándem hacia la oración contemplativa, en otras palabras, a leer y reflexionar sobre la palabra de Dios en las Escrituras, expresar aspiraciones inspiradas por dichas reflexiones, y luego descansar en la presencia de Dios. Esta era la forma en que se practicaba la "lectio divina" en los monasterios de la Edad Media. El método de la oración centrante enfatiza la fase final de "lectio" porque es la que más se ha descuidado durante los últimos tiempos.

Estoy convencido de que si las personas no se ven nunca expuestas a algún tipo de oración libre de conceptos, es posible que jamás lleguen a desarrollarse, debido a la interferencia de la excesiva intelectualización en la cultura occidental y a la tendencia anti-contemplativa de las enseñanzas cristianas en los últimos siglos. Es más, cuando se saborea el silencio interior para tener esa experiencia, puede ser de gran ayuda en el entendimiento de lo que es la oración contemplativa. La enseñanza ascética reciente ha sido extremadamente cautelosa. Ha existido una fuerte tendencia a asumir que la oración contemplativa estaba reservada exclusivamente para las personas religiosas de clausura.

La oración contemplativa da pie para una pregunta muy importante: ¿Hay algo que podamos hacer para prepararnos para el don de la contemplación, en lugar de sentarnos a esperar que Dios lo haga todo? Mis conocimientos sobre el método de meditación oriental me han convencido de que sí que lo hay. Hay formas de calmar la mente en las disciplinas espirituales tanto de Oriente como de Occidente, que ayudan a cimentar la base para la oración contemplativa.

¿Cuál es la diferencia entre "lectio divina" y oración centrante?

"Lectio" es un método amplio de estar en comunión con Dios, que comienza con la lectura de un pasaje bíblico. La reflexión sobre el texto lleva fácilmente a la persona a la oración espontánea (conversar con Dios sobre lo que se ha leído) y finalmente a descansar en la presencia de Dios. La "Oración Centrante" es una manera de movilizarse de las primeras tres fasès de " lectio" a la última de descansar en Dios.

San Juan de la Cruz y Santa Teresa de Ávila recomiendan que sólo se debe abandonar la meditación discursiva cuando Dios le quita a uno la habilidad para practicarla. ¿Qué lugar ocupa la oración centrante en esa tradición?

Una base necesaria para llegar a la contemplación es haber dedicado algún tiempo a la reflexión de las verdades sobre la fe para desarrollar algunas convicciones básicas, lo cual se logra por medio de la meditación discursiva. Hay quienes sostienen que estamos introduciendo la oración contemplativa demasiado rápido, y mi respuesta a esta objeción es que nuestros contemporáneos en el mundo occidental consideran la meditación discursiva un problema especial, debido a la inclinación generalizada, que nos ha sido inculcada, de analizar todo hasta más allá de lo razonable, una manera de pensar que tiene sus raíces en el punto de vista cartesio-newtoniano y que ha tenido como resultado la represión de nuestras facultades intuitivas. Este impedimento conceptual de la sociedad moderna occidental impide el movimiento natural de la reflexión a la oración espontánea y de la oración espontánea al silencio interior (asombro y admiración). Yo creo que, aunque se hagan los tres en tándem, todavía se estaría en la tradición de "lectio divina". Si estás practicando "lectio divina" no se requiere que sigas orden alguno, ni que emplees un tiempo determinado. Puedes dejarte guiar por las inspiraciones de la gracia y reflexionar sobre el texto, dejar que inspire ciertas acciones a tu voluntad, o rendirte a la oración contemplativa en cualquier momento. Como es obvio, al principio predominarán la meditación discursiva y la oración afectiva, pero no se debe descartar que habrá momentos de silencio interior. Si se animara a las personas a reflexionar sobre la Biblia y a vivir en relación con las palabras del texto sagrado, seguido por la práctica de un período de oración centrante, estarían realmente dentro de la tradición de "lectio".

Ahora está claro y entiendo mucho mejor. La oración centrante, compensa el que las personas de nuestros tiempos sean incapaces de pasar de "lectio" a la contemplación.

Exactamente. Se trata de una consideración al problema contemporáneo y es un esfuerzo para revivir la enseñanza tradicional cristiana sobre la oración contemplativa. Pero hace falta algo más que el simple esfuerzo teórico de revivirla. Es esencial que se proporcione a las personas la experiencia misma para que vayan más allá del impedimento intelectual que existe. Habiendo observado que algunas personas que ya conocen la oración contemplativa tropiezan con este obstáculo, estoy convencido de que este prejuicio está mucho mas arraigado en nuestro ambiente de lo que nos imaginamos. El escape apresurado hacia el Oriente demuestra el vacío de que padece Occidente. Existe un hambre espiritual muy profunda que Occidente no parece haber podido satisfacer.

Otra cosa que he notado en aquellos que han emprendido caminos orientales, es que se sienten mucho más cómodos en relación con la religión cristiana cuando se enteran de que en ella existe la costumbre de practicar la oración contemplativa. La oración centrante como preparación para la oración contemplativa no es un nuevo invento de nuestra era. Se trata más bien de recuperar la enseñanza tradicional de la oración contemplativa, de hacer conocer mejor esa enseñanza y de brindársela al que desee practicarla. Lo único nuevo es el método que se usa para tratar de transmitirla. Se necesita ayuda para introducirse y un seguimiento para sostenerse y crecer en ella.

Aquel que ya ha recibido la gracia de la oración contemplativa puede profundizar con la práctica del silencio interior de forma consistente y ordenada. Es con el objetivo de cultivar el silencio interior con el que se ofrece el método de la oración centrante.

II

LO QUE LA ORACIÓN CONTEMPLATIVA NO ES

Hay muchas ideas equivocadas en la mente de muchas personas acerca de lo que es la contemplación. El enumerar aquellas cosas que la contemplación *no* es, puede ayudar a aclarar y poner en perspectiva lo que *sí* es.

El primer punto es que la contemplación no es un ejercicio de relajación, sino que ésta puede ser un efecto secundario. Es ante todo una relación y esto, de hecho, la convierte en algo intencional. No es una técnica, sino una oración. Cuando decimos "Oremos" lo que deseamos expresar es "Entremos en relación con Dios", o "Profundicemos la relación que ya tenemos", o "Practiquemos nuestra relación con Dios". La oración centrante es un método para llevar nuestra relación progresiva con Dios hasta el nivel de fe pura. Fe pura es la fe que va más allá del nivel mental egoico y de la meditación discursiva y de ciertas acciones hasta alcanzar el nivel intuitivo de la contemplación. La oración centrante no está diseñada para que produzca una experiencia intensa como la que se puede lograr al ingerir Peyote o LSD. Tampoco es una forma de auto hipnosis. Simple y llanamente es un método que lleva a la oración contemplativa, y bajo esa perspectiva podríamos decir que es el primer peldaño en la escalera que lleva a la oración contemplativa.

El "segundo" aspecto es que la contemplación no es un don carismático. Los carismas que enumera Pablo han sido renovados en nuestros tiempos. Estos dones están diseñados para la edificación de la comunidad. Se puede ser contemplativo y carismático al mismo tiempo, y una persona puede no ser contemplativa y haber recibido uno o más de los dones carismáticos. En otras palabras, no tiene que existir, necesariamente, una conexión entre las dos cosas. La oración contemplativa depende del crecimiento de la fe, la esperanza y la caridad o amor divino, y tiene que ver con la purificación, curación y santificación de la sustancia del alma y sus facultades. Los dones carismáticos sirven para la edificación de la comunidad local y pueden haber sido impartidos a personas que no necesariamente tienen que estar bien avanzadas en el camino espiritual. Puede decirse que el don de lenguas es el único que se da principalmente para la santificación personal del individuo. Es como si fuese una introducción a la contemplación, puesto que la persona que ora en lenguas no tiene idea de lo que está diciendo.

Otro don es la habilidad de comunicar a otro la experiencia de "descansar en el Espíritu". Si ya hubieses tenido alguna experiencia de contemplación, lo reconocerías como el don de absorción inspirada o bien como la oración de quietud. Si así lo deseas, puedes oponer resistencia, pero si lo aceptas sentirás una suave suspensión de tus facultades y sentidos ordinarios, y te deslizarás al suelo. Aquellas personas que no han experimentado nunca este efecto de la oración, caerán con gran deleite y permanecerán en el suelo el mayor tiempo posible. En cierta ocasión vi a un hombre que cayó hacia atrás en forma horizontal, como si estuviese haciendo un salto de espaldas desde un trampolín a una piscina. Primero le dio a un banquito, luego aterrizó en el suelo como si se hubiese estrellado y se paró de un salto, totalmente ileso.

Más allá del don de lenguas, los dones carismáticos claramente existen para que se beneficien los demás.

Incluyen la interpretación de las lenguas, la profecía, la curación, la administración, la palabra de sabiduría y la enseñanza inspirada. Pueden existir personas que no son nada santas y tengan el don de profecía. Un ejemplo clásico es el del profeta Balaam, quien profetizaba lo que el rey quería oír y no lo que Dios le había ordenado decir. Hubo muchos profetas falsos en los tiempos del Antiguo Testamento. Como los dones carismáticos se presentan a menudo en estos tiempos y llaman mucho la atención, es importante entender que no son una indicación ni de santidad ni de un estado avanzado de oración. No son lo mismo que la oración contemplativa, ni santifican automáticamente a los que los han recibido. Es más, si uno está muy apegado a ellos, pueden ser un obstáculo para el desarrollo espiritual. Aun en el ejercicio de los dones carismáticos están involucrados los programas emocionales.

La tradición católica nos enseña que el camino estrecho y recto de la oración contemplativa es el más seguro y fiable para lograr llegar a la santidad. Los dones carismáticos se consideran secundarios o imprevistos en ese camino. Como es natural, si uno posee estos dones, los debe integrar en su jornada espiritual. Pero si uno no los tiene, no hay razón para pensar que no se está progresando. El proceso de transformación depende del crecimiento en la fe, la esperanza y la caridad o amor divino. La oración contemplativa es el fruto de dicho crecimiento y lo fomenta. En estos momentos la renovación carismática está muy necesitada de las enseñanzas tradicionales de la Iglesia sobre la oración contemplativa, para que así los grupos de oración carismática puedan avanzar hacia una nueva dimensión en su relación con el Espíritu Santo. Deberían introducir períodos de total silencio cuando se reúnen para orar para que la plegaria que comparten en sus encuentros eche raíces en la práctica del silencio interior y la contemplación. De hecho hay un movimiento para introducir precisamente esto en muchos grupos de oración. Si no evolucionan de esta manera, corren el riesgo de quedarse estancados. En el camino espiritual nada puede permanecer inerte. La oración contemplativa es la indicada para dar a estos grupos el mayor crecimiento que necesitan.

El tercer aspecto es que la oración contemplativa no es un fenómeno parapsicológico, como la precognición (saber de antemano), el conocimiento de lo que sucede en la distancia, el control sobre las funciones corporales, tales como los latidos del corazón y la respiración, experiencias como salirse del cuerpo, de levitación, y otros fenómenos extraordinarios de orden sensorial o psíquico. El nivel psíquico de la conciencia humana está por encima del estado mental egoico, que es el nivel general del desarrollo humano actual.

En todo caso, cualquier fenómeno de orden psíquico es como la crema que adorna un pastel, y no podemos sobrevivir sólo con eso. Por lo tanto, no debemos darle demasiada importancia a los dones psíquicos, ni pensar que la santidad se manifiesta por medio de fenómenos extraordinarios. Dichas manifestaciones, que incluyen levitaciones, locuciones, y visiones de todo tipo, han sido sensacionales en las vidas de algunos santos. Santa Teresa de Ávila y San Juan de la Cruz, por ejemplo, tuvieron experiencias de este tipo. La tradición cristiana siempre ha aconsejado que se eviten dentro de lo posible los dones extraordinarios, porque es difícil seguir siendo humilde una vez que se han recibido. Por experiencia se sabe que cuanto más extraordinarios sean los dones, tanto más difícil resulta desapegarse de ellos. Es muy fácil sentir una satisfacción secreta por el hecho de que Dios te está dando dones especiales, muy particularmente si estos dones son bien obvios y visibles para los demás.

He notado en estos últimos años un aumento considerable en el número de personas que experimentan dones psíquicos. Hubo un año en que conocí a seis personas que habían tenido experiencias extracorporales. Mientras dormían u oraban, sintieron que dejaban su cuerpo y se movían por toda la casa. Un hombre que vivía en Colorado se halló repentinamente en su viejo hogar en Massachussets. No podemos permitir que estos fenómenos parapsicológicos, por impresionantes que sean, nos saquen de nuestro centro o nos distraigan de nuestro tiempo de oración. Si esperamos pacientemente, el fenómeno quedará atrás. Si estamos practicando oración centrante, retornamos a la palabra sagrada.

De hecho existen métodos para desarrollar un control directo sobre las funciones físicas como nuestra respiración, los latidos de nuestro corazón, y la temperatura de nuestro cuerpo. En una ocasión leí el relato de un joven que había estado leyendo acerca de cómo se puede controlar la respiración. Desdichadamente se limitó a leer el capítulo de cómo dejar de respirar y no leyó el de cómo reanudar la respiración normal. Nunca volvió a despertar. Si te atraen los fenómenos psíquicos, asegúrate de practicar bajo la supervisión de un maestro reconocido.

A primera vista los poderes extraordinarios, fisiológicos o psíquicos, aparentan ser cualidades humanas innatas que pueden desarrollarse al practicar ciertas disciplinas. Debe quedar bien claro que no tienen nada que ver con la santidad o con el crecimiento de nuestra relación con Dios. Creer que son la prueba de un gran desarrollo espiritual es un grave error.

José de Cupertino, un fraile franciscano, fue uno de los levitadores más sensacionales de todos los tiempos. Estaba tan enamorado de Dios que hubo una época de su vida en que se elevaba con sólo oír pronunciar la palabra "Dios". Cuando estaba en la iglesia, se elevaba hasta el techo. Esto distraía mucho a los otros hermanos en la comunidad y a los visitantes que venían a la iglesia a orar. Sucedió algo que está bien documentado y que vale la pena mencionar aquí. Los frailes estaban tratando de colocar una cruz inmensa encima del campanario de aproximadamente treinta metros de altura. Como les sucede a menudo a los que levitan, José dio un fuerte grito y se elevó. Agarró la cruz, que pesaba media tonelada, voló a la punta del campanario y colocó la cruz en su sitio. Sus superiores observaron su comportamiento con poco entusiasmo y le ordenaron que desistiera de su práctica. Siempre existe algo del propio ego al ejercitar cualquier don sensacional, sin excluir hasta el más espiritual. Cuando a José se le ordenó que dejara de levitar, entró en una profunda depresión. No cabe duda en este caso de que se trataba de la noche del espíritu. Y fue "eso" lo que lo convirtió en un santo, no sus "vuelos". Sólo los aviones y los pájaros pueden volar.

Dios dispone, muchas veces de forma inexplicable para el ser humano, que sucedan o que no sucedan fenómenos parapsicológicos, si así le place.

En el siglo XIV uno de los grandes magos de aquel tiempo, Vicente Ferrer, estaba pregonando que se aproximaba el fin del mundo. Vicente había estado hablando de esto, como era su costumbre, cuando le trajeron a un muerto que llevaban a enterrar; aprovechó la ocasión para amonestar a los que lo escuchaban y decirles que el mundo estaba llegando a su fin, y que para probárselo, resucitaría a este hombre. Efectivamente el hombre se levantó. Pero el mundo no se acabó. Todas las profecías tienen condiciones. Dios no se compromete a llevar a cabo sus amenazas, sino que se reserva el derecho de hacer cambios si la gente le responde enmendando sus vidas. Y el profeta se queda, como se diría en términos populares, "colgado de la brocha"; es uno de los riesgos de su ocupación.

En "cuarto" lugar la oración contemplativa no es un fenómeno místico. Al decir fenómeno místico, me refiero al éxtasis corporal, a las visiones interiores y exteriores, a palabras pronunciadas, expresadas en la imaginación, o impresas en el espíritu de la persona cuando alguna de estas son el resultado de la gracia especial de Dios en el alma. San Juan de la Cruz considera en *El Ascenso al Monte Carmelo* todo fenómeno espiritual imaginable, desde el más externo hasta el más interno, y ordena a sus discípulos que los rechacen todos. De acuerdo a su enseñanza, es la fe pura lo que tiene un significado más próximo a la unión con Dios.

Las visiones y voces exteriores pueden interpretarse erróneamente. Incluso los santos han interpretado mal lo que Dios les ha dicho. Las comunicaciones divinas, para que sean inteligibles, tienen que filtrarse por la psique humana y los condicionamientos culturales de cada ser. Para los que siguen este sendero, dichas comunicaciones probablemente son auténticas en un ochenta por ciento y falsas en un veinte por ciento. Como uno nunca puede saber a qué grupo pertenece una determinada comunicación, se expone a todo tipo de problemas si sigue cualquiera de las mismas sin discreción. No hay garantía alguna de que una comunicación en particular venga realmente de Dios y esté dirigida a uno mismo en particular. Y aun cuando así fuese, es casi seguro que va a ser distorsionada por la imaginación individual, por sus ideas preconcebidas o por su programación emocional; cualquiera de ellas puede modificar ligeramente la comunicación. El relato de una santa a quien Dios prometió que su muerte sería la de un mártir, es un ejemplo clásico. Sin duda tuvo una muerte santa, pero en cama. En su lecho de muerte, estuvo tentada de decir "¿Será Dios fiel a sus promesas?". Por supuesto que sí, pero no puede garantizarnos que vayamos a interpretar correctamente, a la altura de nuestra imaginación y razonamiento, lo que nos comunica. Lo que Dios quiso decir fue que ella moriría con el mismo amor con que muere un mártir de sangre. El martirio de su conciencia significaba para él lo mismo que un martirio en el que hubiese vertido su sangre. Dios no se somete a la interpretación literal de sus mensajes. Si tomamos lo que se dice al pie de la letra, lo más probable es que nos engañemos, aun cuando una voz que pensamos viene directamente del cielo nos lo haya ordenado. Si nos limitáramos a regresar a la palabra sagrada, nos evitaríamos tantos problemas.

Todos los sacramentos son más grandes que cualquier visión. Esto no quiere decir que las visiones no tengan un propósito en nuestras vidas, pero, como nos enseña San Juan de la Cruz, una comunicación auténtica con Dios logra instantáneamente su propósito. El reflexionar sobre ella no la va a mejorar; más bien puede distorsionarla al hacer que pierda su claridad original. Siempre es conveniente mencionar el asunto a un director espiritual prudente, para asegurarse de no tomarlo ni demasiado en serio, ni demasiado a la ligera. Si Dios le dice a uno que haga algo, se hace aún más importante consultar el asunto con un director espiritual con experiencia.

Mucho más fiables que las visiones, locuciones y el proceso de razonamiento son las impresiones que el Espíritu impregna en la oración, hacia las cuales nos sentimos continua y suavemente inclinados. Cuanto más importante es el evento, tanta más atención debemos prestar a un razonamiento sensato y consultar con un director espiritual. La voluntad de Dios no siempre es fácil de discernir; tenemos que pesar todas sus distintas indicaciones y luego decidir. Sin embargo, en la lucha por esa certeza reconoceremos con más claridad cuáles son los obstáculos dentro de nosotros mismos para acatar Su voluntad.

Llegamos entonces a la cuestión de las gracias místicas. Son las más difíciles de distinguir porque están demasiado entretejidas con nuestra psique. Al decir gracias místicas me refiero a la afluencia de la presencia de Dios en nuestras facultades o su radiante Presencia cuando nos invade espontáneamente. Los diferentes niveles de oración mística han sido descritos claramente por Santa Teresa de Ávila y San Juan de la Cruz, e incluyen el recogimiento infundido, la oración de quietud, la oración de unión, la oración de unión plena, y finalmente la oración transformadora. Yo prefiero usar los términos "contemplación" y "misticismo" para decir lo mismo y para distinguir las gracias místicas de la esencia de la oración mística. ¿Es posible ser una persona contemplativa y llegar a la unión transformadora sin haber experimentado las gracias místicas como se han descrito?

Esta es una pregunta que me ha intrigado durante muchos años, puesto que la contemplación como experiencia de la afluencia de la gracia de Dios se ha considerado generalmente una indicación de la oración contemplativa. Sin embargo, continuamente me encuentro con personas que están muy avanzadas en el camino espiritual y que insisten en que nunca han tenido una experiencia de Dios como una gracia de la oración contemplativa. Cuando han permanecido treinta o cuarenta años en un monasterio o convento con el objetivo de llegar a ser contemplativos, a veces les viene la tentación de pensar que sus vidas han sido un fracaso gigantesco. Llegan a los sesenta o setenta años y piensan que, como nunca tuvieron esa experiencia, algo debieron de haber hecho mal. Son personas que han dedicado su vida entera al servicio de Cristo y sin embargo no tienen ningún indicio interior que les asegure que han recibido la más mínima gracia mística.

Al principio, cuando escuchaba a estas personas relatar sus experiencias, pensaba que tal vez no habían recibido la instrucción adecuada sobre la oración contemplativa, o que a lo mejor habían recibido algunos toques de la misma en los comienzos de sus vidas religiosas y se les había olvidado, acostumbrándose a ella. Ahora ya no pienso así. Estoy convencido de que es un error identificar el "experimentar" la oración contemplativa con la oración contemplativa en sí, que trasciende cualquier impresión que se tenga de la presencia radiante de Dios o de su afluencia en el espíritu. Me complació mucho ver expresada verbalmente mi experiencia por una monja carmelita, Ruth Burroughs, que ha vivido su vida religiosa sin haber sido consciente de ninguna experiencia de la radiante presencia de Dios. En su obra *Guidelines to Mystical Prayer* (traducido como *Guías para la Oración Contemplativa*), hace la proposición de distinguir el misticismo de la "luz encendida" y el misticismo de la "luz apagada". Esto explicaría claramente cómo, para muchos, su camino espiritual entero permanece totalmente oculto hasta que llegan a la transformación final. Esta monja carmelita tenía dos amigas; una, en una comunidad activa, gozaba de una vida mística exuberante; la otra, monja de clausura, nunca había disfrutado una experiencia consciente de la oración contemplativa, aunque había seguido fielmente la disciplina de la oración contemplativa durante un período de cuarenta años. Ambas llegaron a culminar en la unión transformadora. Ruth Burroughs llega a la conclusión de que la gracia mística puede ser un carisma que le es otorgado a algunos místicos para que puedan explicar el camino espiritual a los demás. En todo caso, su hipótesis se basa en la suposición de que la esencia del misticismo es el sendero de fe pura. Fe pura, según San Juan de la Cruz, es un rayo de oscuridad para el alma. Ninguna facultad puede percibirla. La persona puede estar "experimentando" esto en un nivel profundo, más allá de donde el poder de cualquier facultad pueda llegar. Sólo se puede intuir su presencia por los frutos en la vida individual. Dios puede estar transmitiendo ese rayo de oscuridad dentro de alguien que persevera en la oración, sin que se dé cuenta de lo que está sucediendo. En todo caso, según mi propia experiencia, las personas que tienen las vidas místicas más exuberantes están casadas o en ministerio activo. Las experiencias místicas que describen Santa Teresa o San Juan de la Cruz, las tienen menos de un cinco por ciento de los contemplativos enclaustrados. Por lo general experimentan la noche de los sentidos, y sólo unos pocos experimentan la noche del espíritu. Sus consolaciones son pocas y muy poco frecuentes. No cabe duda de que los que viven en el mundo necesitan más ayuda para sobrevivir. A lo mejor Dios ha decidido no ayudar tanto a los que están enclaustrados porque pensará que ellos reciben suficiente apoyo de la estructura de su propio estilo de vida aislada.

¿Cuál es, entonces, la esencia de la oración contemplativa? El camino de la fe pura. Nada más. No es necesario que la sientas, sino que la practiques.

III

DIMENSIONES DE LA ORACIÓN CONTEMPLATIVA

La oración contemplativa es el mundo o dimensión en donde Dios puede hacer lo que quiera. Entrar en ese campo es la aventura más grande. Es abrirse al Ser Infinito y, por lo tanto, a posibilidades infinitas. Nuestros mundos privados, creados por nosotros mismos, llegan a su fin; aparece un mundo nuevo dentro y fuera de nosotros y lo imposible se convierte en una experiencia que sucede a diario. Sin embargo, el mundo que esta oración revela es apenas perceptible en el curso ordinario de los acontecimientos cotidianos.

La vida y el crecimiento cristianos tienen su fundamento en la creencia de que hemos sido creados básicamente buenos y que Dios nos ha dotado con nuestro ser y su potencial trascendente. Este regalo de nuestro ser es el "auténtico Yo". Cuando consentimos en fe, Cristo se encarna en nosotros y Él y nuestro "auténtico yo" se convierten en uno. Despertar a la presencia y acción del Espíritu en nuestro interior es desplegar la resurrección de Cristo en nosotros.

Toda oración verdadera se basa en la convicción de la presencia del Espíritu dentro de nosotros y de su infalible y continua inspiración. En otras palabras, toda oración es una oración en el Espíritu. Sin embargo, parecería más adecuado reservar el término de "oración en el Espíritu" para aquella oración que es directamente inspirada por

Éste, sin intermediarios, es decir, que nosotros consentimos a que el Espíritu sea el que ore en nosotros sin que interfieran nuestras propias reflexiones o actos de la voluntad. El nombre tradicional que se le ha dado a esta forma de orar es "contemplación".

Debemos distinguir la "oración contemplativa" de la "vida contemplativa". La primera es una experiencia o una serie de experiencias que llevan a un estado permanente de unión con Dios. La segunda representa ese estado permanente –propiamente dicho– de unión divina, en el cual el Espíritu dirige a la persona, tanto en la oración como en la acción.

La oración tiene sus raíces en el silencio interior. A lo mejor pensamos que la oración consiste en pensamientos o sentimientos expresados en palabras, pero ésta es tan sólo una de las formas de orar. De acuerdo a la definición de Evagrio "oración es dejar de lado los pensamientos"[2]. Esta definición presupone que "existen" pensamientos. Más que la ausencia de pensamientos, lo que caracteriza a la oración contemplativa es el desapego hacia los mismos. Es un abrirse de la mente y del corazón, del cuerpo y de las emociones, de nuestro ser entero, a Dios, el Misterio Máximo, más allá de las palabras, de los pensamientos y de las emociones, más allá, para expresarlo mejor, del contenido psicológico del momento presente. No negamos ni reprimimos lo que nuestro consciente contiene. Sencillamente aceptamos el hecho del contenido que surge y vamos más allá de éste, y lo hacemos sin esforzarnos; simplemente no enfocamos ningún aspecto del mismo.

Aprendimos en el antiguo catecismo que "Oración es elevar la mente y el corazón hacia Dios". Es importante tomar en consideración, al usar esa fórmula, que no somos nosotros los que elevamos nada. En cualquier tipo

---

2. Evagrio, *De Oratione*, 70 (PG 79, 1181C).

de oración sólo por obra del Espíritu se puede elevar la mente y el corazón a Dios. En la oración que inspira el Espíritu, nosotros nos dejamos llevar por ese movimiento elevador y simplemente dejamos de reflexionar. La reflexión es un paso importante que precede a la oración, pero no es en sí oración. La oración es, no solamente la ofrenda a Dios de actos interiores; es la ofrenda de nuestro ser, de quienes somos y lo que somos.

La acción del Espíritu podría compararse con la de una institutriz experimentada tratando de enseñar a los hijos adoptados por una familia de alcurnia cómo comportarse en su nuevo hogar. Nosotros, como niños callejeros que se sientan a la mesa en un elegante salón comedor, necesitamos mucho tiempo para aprender y practicar los modales apropiados de comportamiento en la mesa. Debido a nuestros antecedentes, tenemos tendencia a poner nuestros pies enlodados encima de la mesa, romper la vajilla o derramar la sopa en nuestros regazos. Para poder asimilar los valores de nuestro nuevo hogar, se requiere que nuestra actitud y nuestro comportamiento cambien radicalmente. Por tal motivo, puede que al principio sintamos que nuestra niñera es demasiado estricta y pone demasiado énfasis en el "no debes"; sin embargo, parece estar estimulándonos todo el tiempo, en medio de sus correcciones: nunca condena ni juzga, sino que nos invita a que enmendemos nuestros errores. La práctica de la oración contemplativa es una educación impartida por el Espíritu mismo.

Nuestra participación en este proceso educativo es lo que en la tradición cristiana se ha llamado autonegación. Jesús dijo, "Si alguno quiere seguirme, que se niegue a sí mismo, tome su cruz y me siga" (Marcos 8, 34). Negarse a sí mismo implica desapegarse del funcionamiento habitual de nuestro intelecto y nuestra voluntad, que son nuestras facultades más arraigadas. Esto puede significar que tengamos que liberar, no solamente nuestros pensamientos ordinarios durante la oración, sino también nuestras más devotas reflexiones y aclamaciones, que a veces creemos indispensables para llegar a Dios.

La mente humana, por naturaleza, se inclina a simplificar todo lo que piensa. Es así como un simple pensamiento puede resumir una inmensa e interminable reflexión. El pensamiento mismo pasa a convertirse en "presencia", un acto de atención más que de comprensión. Si aplicamos este principio a la persona de Jesús, vemos que esta clase de atención no excluye en ningún momento su humanidad. Simplemente prestamos atención a la "presencia" de Jesús, el ser divino-humano, sin fijarnos en detalles particulares de su persona.

La oración contemplativa es parte de un proceso dinámico que se desenvuelve a través de una relación personal y no por medio de una estrategia. De la misma manera, algo de organización en el estilo de vida y de oración del individuo hace que el proceso avance de la misma manera que una alimentación nutritiva y el ejercicio ayudan a los niños a desarrollarse y madurar físicamente.

Uno de los primeros efectos de la oración contemplativa es la descarga de las energías inconscientes. Es un proceso que fomenta dos estados psicológicos totalmente distintos: se experimenta el desarrollo personal en forma de consuelo espiritual, de dones carismáticos o de poderes psíquicos; pero también se experimenta la debilidad humana al conocerse a sí mismo, con toda la humillación que esto trae consigo. El autoconocimiento es el nombre que tradicionalmente se da al reconocimiento, a nivel consciente, del lado oscuro de nuestra personalidad. La descarga de estas dos formas de energía inconsciente tiene que ser resguardada por hábitos bien establecidos de dedicación a Dios y de preocupación por los demás. Si no, uno puede llenarse de orgullo cuando goza de algún tipo de consuelo o crecimiento espiritual; o puede, por el contrario, caer en un estado de desaliento o depresión cuando se reconoce y se siente apabullado por su pobreza espiritual. Es indispensable cultivar los hábitos de consagrarse a Dios y de servir al prójimo para proporcionar a la mente la estabilidad que requiere para enfrentarse con pensamientos cargados de emoción, bien sean de exaltación o de menosprecio hacia sí mismo.

La dedicación a Dios se desarrolla cuando la persona se compromete a adherirse a las prácticas espirituales por amor a Él. El servicio al prójimo es el movimiento que sale del corazón y que nace de la compasión; se encarga de neutralizar la tendencia muy arraigada de preocuparse y preguntarse cómo va el propio camino espiritual. El hábito de servir al prójimo se desarrolla cuando tratamos de complacer a Dios en lo que hacemos y cuando tratamos con compasión a los demás, comenzando con las personas con quienes vivimos. Aceptar a todos incondicionalmente es cumplir con el mandamiento que dice, "amarás al prójimo como a ti mismo" (Marcos 12, 31). En realidad lo que esta frase quiere decir es que nos ayudemos mutuamente a llevar nuestras cargas (Gálatas 6, 2). Cuando rehusamos acusar, aunque sea bajo amenaza de ser perseguidos, estamos cumpliendo con el mandamiento de amarnos los unos a los otros "como yo os he amado" (Juan 13, 34), y con el mandato de estar dispuestos a dar la vida por sus amigos (Juan 15, 13).

Estos dos hábitos de consagrarse a Dios y de servir a los demás son como las dos orillas de un canal por el cual el inconsciente puede descargar sus energías sin sumergir la psique en los remolinos de emociones caóticas. Al contrario, cuando estas energías fluyen en forma ordenada en el cauce de la dedicación y el servicio, nos elevarán a niveles más altos de percepción espiritual, de comprensión, y de amor desinteresado.

Estas dos disposiciones estabilizadoras preparan al sistema nervioso y al cuerpo para recibir la luz purificadora y santificante del Espíritu y nos capacitan para discernir nuestros pensamientos y emociones en sus inicios, antes de que alcancen a convertirse en apego o semicompulsión. En la medida en que crezca nuestra independencia de los pensamientos y deseos habituales podremos entrar en la oración contemplativa con una mente sosegada.

Desapego es la meta de la abnegación. Es una actitud que no es posesiva hacia toda realidad, la disposición que ataca la raíz del sistema del "falso yo". El "falso yo" es una ilusión monumental, una carga de rutinas emotivas y de formas de pensar habituales, que están almacenadas en el cerebro y en el sistema nervioso. Al igual que los programas en un ordenador, tienden a reactivarse cada vez que alguna situación de la vida cotidiana aprieta un botón determinado. El "falso yo" llega incluso a insinuar que sus sutiles propósitos son motivados por creencias religiosas, cuando en realidad las verdaderas actitudes religiosas vienen de Dios y no del "falso yo". Por medio de la oración contemplativa, el Espíritu sana el egoísmo en sus raíces y pasa a ser la fuente de nuestra actividad consciente. Para poder actuar espontáneamente bajo la influencia del Espíritu y no bajo la del "falso yo", es necesario borrar la programación emotiva del pasado y reemplazarla por otra. Es lo que tradicionalmente se ha llamado la "práctica de las virtudes", es decir, cambiar los programas viejos por otros nuevos que se basen en las enseñanzas del Evangelio.

Jesús, en su divinidad, es la fuente de la contemplación. Cuando la persona se siente sobrecogida por la presencia arrolladora del ser Divino, nos sentimos interiormente atraídos a contemplar. Eso fue lo que les sucedió a los apóstoles en el monte Tabor cuando presenciaron la gloria de Dios que resplandeció a través de la humanidad de Jesús, y cayeron postrados. Sin embargo, nuestras experiencias de Dios, no son de cómo es Dios, pues esto no puede experimentarse empírica, conceptual o espiritualmente. Dios está más allá de toda experiencia; con lo cual no queremos decir que Dios está ausente en las experiencias sagradas, sino que las "trasciende". Para expresar esto de otra forma, diríamos que Dios nos conduce a través de experiencias sagradas al vacío. Cualquiera que sea la forma en que experimentemos a Dios, su presencia será tan sólo una irradiación y no Dios tal como es. Cuando la luz divina toca la mente humana, se descompone en muchos aspectos de diversa índole, al igual que sucede con un rayo de luz común y corriente, que cuando toca un prisma se divide en los diversos colores del espectro. No tiene nada de malo distinguir los diferentes aspectos del Misterio Máximo, pero sí sería un error identificarlos con la Luz inaccesible. El Espíritu es el que persistentemente nos inspira la atracción para que dejemos pasar los consuelos espirituales y permitir a Dios que actúe con toda libertad. Cuanto más nos desapegamos de ellos, tanto más se fortalecerá la presencia del Espíritu. El Misterio Máximo pasa a convertirse en la Presencia Máxima.

El Espíritu habla a nuestra conciencia a través de las Sagradas Escrituras y a través de los eventos cotidianos. Reflexionar sobre estas dos fuentes de encuentro personal y desmantelar los programas emotivos del pasado, preparan el terreno para que la psique escuche a niveles más refinados de atención. El Espíritu comienza entonces a dirigirse a nuestra conciencia desde ese profundo manantial dentro de nuestro ser, que es el "auténtico yo". Esto es, propiamente dicho, lo que es la contemplación.

Una muestra de lo anterior la tenemos en la Transfiguración. Jesús llevó consigo a los tres discípulos que mejor preparados estaban para recibir la gracia de la contemplación, es decir, aquellos que habían progresado más en la conversión de sus corazones. Dios se les acercó por medio de los sentidos cuando les proporcionó la visión en la montaña. Su primera reacción fue de asombro y de deleite. Pedro quiso quedarse allí para siempre. Repentinamente los cubrió una nube, ocultando la visión y dejando los sentidos vacíos y serenos, pero al mismo tiempo atentos y alertas. El gesto de caer con el rostro en tierra expresa acertadamente su estado de ánimo; era una postura que expresaba adoración, gratitud y amor. La voz celestial despertó su conciencia a la presencia del Espíritu, que desde siempre había estado hablándoles desde dentro, pero que hasta aquel instante no habían sido capaces de escuchar. Su vacío interior se llenó con la presencia luminosa de lo divino. Cuando Jesús los tocó regresaron a sus niveles de percepción ordinaria y lo vieron como había sido antes, pero con la conciencia transformada por la fe. Ya no le miraron como un mero ser humano. Sus facultades receptivas y activas habían sido unificadas por el Espíritu, y la palabra interior y exterior de Dios se habían fusionado y convertido en una. Para aquellos que han llegado a este tipo de conciencia, la vida cotidiana es una revelación de Dios que continúa y aumenta constantemente. Las palabras que oyen a través de las Escrituras y de la liturgia confirman lo que han aprendido a través de la oración y que se conoce como contemplación.

IV

PRIMEROS PASOS EN LA ORACIÓN CENTRANTE

Desde el Concilio Vaticano II la Iglesia Católica Romana ha estado estimulando a los católicos a vivir en plenitud la vida cristiana, sin esperar a que los sacerdotes, las personas en las comunidades religiosas o alguien más lo haga por ellos. Esto implica cierta creatividad y responsabilidad por parte de los laicos, ya que tienen que crear estructuras que los capaciten para vivir la dimensión contemplativa del Evangelio fuera de un convento.

La vida monástica es una forma de vida que acarrea su propia serie de dificultades. Como primera medida, hace que las relaciones humanas se observen con la minuciosidad de un microscopio. Aunque las pruebas no son tan grandes como fuera del monasterio, pueden ser más humillantes. Las personas monásticas se alteran por cosas sin importancia y ni siquiera pueden dar una razón válida para sentir lo que sienten.

La unión divina es la aspiración máxima de todos los cristianos. Hemos sido bautizados; recibimos la Eucaristía; tenemos a nuestro alcance todos los medios necesarios para crecer como seres humanos y como hijos de Dios. Es un error pensar que se requiere una forma de vida especial para lograrlo. Entre las personas que conozco, las más avanzadas están casadas o comprometidas en ministerios activos, corriendo todo el día de un lado al otro para cumplir con sus múltiples obligaciones.

Hace un par de años dicté una conferencia a una asamblea de organizaciones laicas. Había grupos de encuentros matrimoniales, acción social, instituciones seglares y comunidades recién fundadas. Mi charla estaba basada en la espiritualidad monástica, pero en lugar de decir "monástico", dije "cristiano". Para gran sorpresa mía descubrí que la mayoría de las personas se identificaban con esta enseñanza tradicional. Encajaba perfectamente con su propia experiencia. Esto reforzó mi convicción de que el camino espiritual es para todo aquel cristiano que tome en serio el mensaje del Evangelio.

Las disciplinas espirituales, tanto orientales como occidentales, se basan en la hipótesis de que una vez que comenzamos nuestra jornada hacia la unión divina, a raíz de haber sido iluminados con el descubrimiento de que existe dicho estado, nosotros podemos contribuir con algo. La oración centrante es una disciplina diseñada para reducir los obstáculos que impiden llegar a la oración contemplativa. Su modesta presentación despierta el interés de las personas debido a la atracción contemporánea hacia los métodos de enseñanza práctica de cómo hacer algo. Es una manera de sacudir el polvo a las páginas del pasado que contienen las enseñanzas contemplativas de los maestros de la espiritualidad en la tradición cristiana y sacarlas a la luz del presente. La popularidad que han ganado las disciplinas meditativas de Oriente es la mejor prueba de que hoy día es esencial algún método. Pero, la oración centrante no es sólo un método. Es también oración auténtica. Si estás dispuesto a ampliar el significado de la oración contemplativa e incluir métodos que te preparen o te conduzcan a ella, la oración centrante puede catalogarse como el primer peldaño en la escalera de la oración contemplativa, que te lleva, escalón tras escalón, a una unión con Dios.

La oración centrante es un método que refina las facultades intuitivas para facilitar el acceso a la oración contemplativa. No es el único camino para llegar a la contemplación, pero es un camino bastante bueno. En cuanto al método en sí, ha sido extraído hasta cierto punto de la espiritualidad monástica, y se concentra en la esencia de la práctica monástica, que consiste en dos períodos diarios de oración. Cuando tomas antibióticos tienes que mantener la dosis para que te haga efecto, y así mantener el nivel de los anticuerpos en la corriente sanguínea para vencer la enfermedad. Así mismo, debes mantener un cierto nivel de silencio interior en tu psique y en tu sistema nervioso si deseas obtener los beneficios de la oración contemplativa.

La disciplina en la oración centrante ha sido diseñada para que dejemos de prestar atención al flujo ordinario de pensamientos –con el cual tendemos a identificarnos– ya que existe dentro de nosotros algo más profundo, y esta oración hace que nos abramos para captar el nivel espiritual de nuestro ser. Este nivel podría compararse con un gran río sobre el cual reposan nuestros recuerdos, imágenes, sentimientos, experiencias interiores y la percepción de eventos exteriores. Muchas personas están tan identificadas con el flujo ordinario de sus pensamientos y sentimientos, que no captan que hay un manantial de donde brotan todos ellos. Al igual que los botes y basuras que flotan sobre la superficie del río, así mismo nuestros pensamientos y sentimientos tienen que reposar sobre algo. Ese "algo" es la corriente interior de nuestra conciencia, que es nuestra participación en la persona de Dios, y que no es evidente de inmediato en el nivel ordinario de la conciencia. En vista de que no tenemos un contacto inmediato con ese nivel, tenemos que hacer algo para desarrollar nuestra percepción del mismo. Es ese nivel de nuestro ser el que nos hace más humanos. Los valores que encontramos allí son un deleite mayor que el que obtenemos de lo que flota sobre la superficie de la psique. Necesitamos refrescarlo a diario, acercándonos a ese nivel. De la misma forma que necesitamos ejercicio, alimento, descanso y sueño, así mismo necesitamos momentos de silencio interior, que nos proporciona la forma más profunda de reposo.

Fe es abrirse y rendirse a Dios. El camino espiritual no consiste en dirigirse a ningún lado, puesto que Dios ya está con nosotros y dentro de nosotros. Lo que hace falta es que permitamos que nuestros pensamientos ordinarios pasen a un segundo plano y floten por el río de la conciencia sin que les prestemos atención, en tanto que nosotros dirigimos nuestra atención hacia el río sobre el cual flotan. Nos semejamos a alguien sentado a la orilla del río, viendo pasar las embarcaciones. Si logramos permanecer en la orilla, fijando nuestra atención en el río y no en los botes, se irá desarrollando nuestra habilidad para ignorar los pensamientos cuando pasan, y aparecerá una forma más profunda de atención.

En el contexto de este método, un pensamiento es cualquier percepción que aparezca en la pantalla interior de la conciencia; puede ser una emoción, una imagen, un recuerdo, un plan, un ruido exterior, una sensación de paz, hasta una comunicación de orden espiritual. En otras palabras, todo lo que atraviese o quede registrado en la pantalla interior del consciente, lo llamaremos "pensamiento". El método consiste en dejar ir todo pensamiento durante el tiempo de la oración, aun el más devoto.

Para facilitar esto, busca una posición relativamente cómoda para que la incomodidad de tu cuerpo no te distraiga; evita posiciones que corten la circulación de la sangre, porque comenzarás a pensar en ello. Escoge un sitio que sea relativamente tranquilo para no ser interrumpido por un ruido excesivo o inesperado. Si no existe un sitio así en tu casa, trata de encontrar un momento de silencio cuando la posibilidad de ser molestado sea mínima. Es aconsejable cerrar los ojos, porque así no pensarás en lo que estás viendo. Al desconectar los sentidos de su actividad ordinaria, puede que encuentres un descanso profundo. Un ruido súbito o una interrupción te puede sobresaltar, como por ejemplo, el timbre del teléfono. Si usas un reloj despertador o alarma para controlar el tiempo, debe ser uno discreto; si es estridente, métela debajo de un cojín. Trata de evitar la mayor cantidad posible de ruidos exteriores, pero si de todos modos ocurren, no dejes que eso te altere. La alteración es un pensamiento cargado de emoción, que muy posiblemente destruirá cualquier silencio interior que hayas alcanzado. Escoge para tu oración un tiempo en que estés muy despierto y alerta. Por lo general muy temprano por la mañana, antes de comenzar las actividades ordinarias del día, es un buen momento.

Una vez que has escogido un tiempo y un lugar apropiados, que has encontrado una silla o postura cómoda y que has cerrado los ojos, escoge una palabra sagrada que exprese tu intención de abrirte y rendirte ante Dios, e introdúcela en el nivel de tu imaginación. No la pronuncies ni con los labios ni con las cuerdas vocales. Simplemente permite que sea una palabra de una o dos sílabas con la cual te sientas bien. Muy suavemente colócala en tu consciente cada vez que te des cuenta de que estás pensando en algo.

La palabra sagrada no es el vehículo para llevarte adonde quieres ir. Lo único que hace es dirigir tu intención hacia Dios y fomentar así una atmósfera favorable para el desarrollo de esa conciencia más profunda que atrae y desea tu naturaleza espiritual. Tu propósito no será suprimir todo pensamiento, puesto que eso es imposible. Lo normal es que tengas un pensamiento después de medio minuto de silencio interior, a menos que la acción de la gracia sea tan poderosa que te veas absorbido por Dios. La oración centrante no es un medio de sintonizar la presencia de Dios, sino más bien una forma de decirle "Aquí estoy". El paso siguiente está en manos de Dios. Es un medio de ponerte a disposición de Dios; sólo Él determinará las consecuencias de ese acto.

Puede que conozcas el gesto de entrelazar tus dos manos con los dedos apuntando hacia arriba. Este es un símbolo para reunir todas las facultades y dirigirlas hacia Dios. Bien, la palabra sagrada tiene exactamente el mismo objeto: es un puntero, no material, sino mental. La palabra deberá introducirse sin ningún esfuerzo: piensa en ella como lo harías con cualquier pensamiento que surja espontáneamente.

La palabra sagrada, una vez establecida firmemente, ayuda a reducir el número ordinario de pensamientos banales y a desviar los más interesantes que aparezcan en la superficie de la conciencia. Esto no se logra por medio de un ataque directo a dichos pensamientos, sino por medio de la reanudación de tu intención de consentir a la presencia y acción de Dios en tu interior. Esta renovación constante del consentimiento de tu voluntad, al convertirse en hábito, crea una atmósfera que auspicia el ignorar el flujo inevitable de los pensamientos.

Si te pone nervioso estar sin hacer "nada" por un determinado período de tiempo, permíteme que te recuerde que nadie se cuestiona el hecho de dormir seis o siete horas cada noche. Pero recuerda, en esta oración no es que no hagas nada, sino que se trata de una actividad muy suave. La voluntad reitera su consentimiento a Dios al retornar a la palabra sagrada, y esto por lo general es suficiente actividad para mantener a la persona despierta y alerta.

Por lo general bastarán de veinte a treinta minutos a la mayoría de las personas para poder establecer un silencio interior e ir más allá de sus pensamientos superficiales. Es posible que te sientas inclinado a dedicarle más tiempo. Sólo la experiencia te enseñará cuál es el tiempo indicado para ti, y cuando éste termine, reanuda el curso normal de tus pensamientos. Puede ser este un momento adecuado para entablar una conversación con Dios, o recitar unas cuantas oraciones vocales en privado, o hacer planes para el día. Espera por lo menos dos minutos antes de abrir los ojos. Cuando te sustraes del uso ordinario de tus sentidos externos e internos llegas a una atención espiritual profunda, y abrir los ojos súbitamente puede resultar perturbador.

Al ir en aumento la dimensión espiritual de tu ser a través de la práctica diaria de esta oración, es posible que comiences a percibir ocasionalmente la presencia de Dios en medio de tus actividades ordinarias. Puede sentirte llamado a tornar tu atención hacia Dios dentro de ti, sin saber por qué. La calidad de tu vida espiritual se está desarrollando y permitiéndote que recojas vibraciones de un mundo que anteriormente no percibías. Sin proponerte pensar en Dios, vas a encontrarte con que él está presente en medio de tus quehaceres cotidianos. Se asemeja a añadirle color a una pantalla de televisión en negro y blanco. Lo que aparece en ella es lo mismo, pero está realzado por una nueva manera de apreciarlo que antes no se percibía. Siempre estuvo presente, pero no podía ser transmitido por la falta de un aparato receptivo adecuado.

La oración contemplativa es una manera de sincronizar una imagen más completa de la realidad, que siempre estuvo presente y en la cual se nos invita a participar. Hace falta una disciplina apropiada para reducir los obstáculos a esta percepción expandida. Una de las formas de lograrlo es disminuyendo la velocidad con que nuestros pensamientos ordinarios se movilizan por la corriente de nuestro consciente. Si se logra esto, dará lugar a un espacio entre los pensamientos, permitiendo la percepción de la realidad oculta sobre la cual se deslizan.

En esta discusión acerca de la oración centrante, no estoy explorando métodos que sirvan para calmar el cuerpo, la mente o el sistema nervioso, como lo serían los ejercicios de respiración, de yoga, o el jogging. Dichos métodos son excelentes para relajarse, pero de lo que se trata aquí es de una relación basada en la fe. Esta relación se expresa al tomarse cada día un tiempo para abrirse a Dios, para tomarle tan en serio como para tener con él una cita, por expresarlo de alguna manera, una cita a la cual uno ni soñaría con no ir; y teniendo en cuenta que este tipo de oración no requiere que pensemos, podemos cumplir nuestro compromiso aun cuando nos encontremos enfermos.

La disposición fundamental en la oración centrante es abrirse a Dios. Lo que practicamos como cristianos podría resumirse en una palabra: "paciencia". En el Nuevo Testamento la palabra paciencia significa esperar a Dios el tiempo que sea necesario, sin alejarse ni sucumbir bajo el tedio o el desaliento. Es la disposición del sirviente del Evangelio que esperó a pesar de que el dueño de la casa se demoró hasta después de medianoche para regresar. Cuando por fin llegó, puso al sirviente a cargo de todo. Si esperas, Dios se manifestará, pero recuerda, puede que tengas que esperar bastante.

Encuentro que esta práctica no me lleva a ningún lado. ¿Es bueno tratar de poner en blanco todas las facultades mentales?

Por favor, no trates de poner en blanco tus facultades. En todo momento debe estar presente una apacible actividad espiritual, expresada bien al pensar en la palabra sagrada bien por la simple percepción de que te encuentras en la presencia de Dios. La experiencia de vacío es la presencia de su intención en una forma muy sutil. No te será posible mantener esa experiencia de vacío a menos que tu intención esté presente. Puede parecer que esto es tan simple que no implica esfuerzo alguno. Sin embargo, este método de oración requiere cierto tiempo de aprendizaje y no debes inquietarte si a veces experimentas lo que pueda parecer como un espacio en blanco. Esta oración es una forma de descansar en el Señor. Si te das cuenta de que tienes un espacio en blanco, eso ya es en sí un pensamiento, y simplemente debes retornar a la palabra sagrada.

¿Qué se debe hacer cuando se nota que se ha estado dormitando?

Si te estás quedando dormido, no te pongas a pensar en ello. Un niño a veces se queda dormido en los brazos de su padre o de su madre sin que ellos se molesten, pues saben que el niño está contento y abre sus ojos de vez en cuando.

Me sorprendió que los veinte minutos pasaran tan rápido. ¿Fueron realmente veinte minutos?

Sí. Cuando el tiempo transcurre rápido, es un indicio de que no estabas pensando mucho. No quiero decir que ésa es la indicación de que ha sido un buen período de oración. No es sabio juzgar un período de oración basándose en tu experiencia psicológica. Habrá ocasiones en que te verás bombardeado por pensamientos durante todo el tiempo en que estabas orando, y sin embargo podría tratarse de un período de oración muy provechoso, ya que tu atención puede haber estado en un sitio mucho más profundo de lo que parecía. En todo caso, no es posible que llegues a una evaluación válida de cómo van las cosas en base a un período de oración en particular. Lo que tienes que observar son los frutos en tu vida ordinaria cotidiana, una vez transcurridos uno o dos meses. Si está aumentando tu paciencia para con los demás, tu tolerancia para contigo mismo, si les gritas con menos frecuencia y volumen a los niños, te incomodas menos por las quejas de tu familia con respecto a la comida que preparas... estos son los indicios de que está comenzando a operar otra escala de valores dentro de ti.

Si no te apercibes de ningún pensamiento durante el tiempo de oración, no te vas a dar cuenta del tiempo que transcurre, y esta experiencia nos demuestra la relatividad de nuestra percepción del tiempo. También habrá ocasiones en las que el tiempo de oración no nos parecerá corto, sino extremadamente largo. Alternar entre estar tranquilo y estar luchando con los pensamientos forma parte de un proceso de refinamiento de las facultades intuitivas, que deben aprender a prestar una mayor atención a este nivel de profundidad de manera cada vez más estable.

¿Se tienen menos pensamientos cuando se está muy cansado o se tiene sueño?

En términos generales, la respuesta es sí, siempre y cuando no comiences a soñar. En el monasterio nos levantamos a las 3 de la madrugada, y a esa hora, a veces, estamos un poco soñolientos. Esto parece formar parte de nuestro método en particular, porque estamos tan cansados que no podemos pensar. Al finalizar un día de arduo trabajo se puede experimentar algo similar. Eso te puede ayudar, siempre y cuando logres mantenerte lo suficientemente alerta como para no quedarte dormido o sucumbir a la sensación placentera de soñar despierto. Pero no te sientas mal si te quedas dormido, es posible que ese pequeño descanso adicional te hiciese falta.

Por otro lado, trata de escoger un tiempo en que posiblemente estés más alerta para que puedas tener una buena experiencia de oración centrante en lugar de cabecear todo el tiempo. Si te quedaras dormido, añade a tu tiempo de oración unos pocos minutos cuando te despiertes, para que no te quede una sensación de que el día comenzó mal en lo que a la oración se refiere. El tipo de actividad que te ocupa durante esta oración es tan simple que es muy fácil quedarse dormido a menos que cumplas con la modesta actividad que se requiere, a saber, permanecer alerta. Una manera de lograrlo es tener en mente la palabra sagrada. Jesús dijo, "Estad atentos y orad", que es lo que hacemos en la oración centrante. El estar atentos es apenas suficiente actividad para permanecer alertas. Orar es abrirse a la acción de Dios.

La oración centrante es más un ejercicio de intención que de atención. Puede que nos tome un tiempo llegar a entender esta diferencia. Tú no estás atento al contenido de un pensamiento en particular, sino que intentas introducirte en lo más recóndito de tu ser que es donde tú sabes que mora Dios. Te abres a su presencia por medio de pura fe, y no por medio de conceptos o sensaciones. Es como si llamaras suavemente a una puerta, y no como si la estuvieras golpeando con todas tus fuerzas y diciendo, "¡Abre en nombre de la ley! ¡Exijo que me dejes entrar!", pues es una puerta que no puedes forzar. Sólo abre del otro lado. Lo que tú estás expresando por medio de la palabra sagrada es "Aquí estoy, esperando". Es un juego en que la espera es infinita. No va a suceder nada sensacional, y aun cuando así fuese, deberás retornar muy apaciblemente a la palabra sagrada como si no hubiese sucedido nada. Aun en el caso de que oigas palabras infusas o tengas una visión, deberías retornas a la palabra sagrada. Es ésta la esencia del método.

El ánimo en que me encontraba era de expectativa. Entonces me di cuenta de que estaba pensando en el hecho de que yo esperaba que pasara algo.

Elimina toda expectativa en esta oración. Es un ejercicio consistente en no esforzarse, en dejarse ir. Esforzarse es un tipo de pensamiento, por eso aconsejo: "Retorna a la palabra sagrada sin esfuerzo alguno"; o "con gran suavidad coloca la palabra sagrada en tu nivel consciente ordinario". Cuando se lucha es porque se desea lograr algo, que equivale a apuntar hacia el futuro, cuando la oración centrante ha sido diseñada para situarse en el momento presente. Del mismo modo, las expectativas también proyectan hacia el futuro, y por lo tanto, también son consideradas pensamientos.

Vaciar la mente de sus rutinas habituales de pensamiento es un proceso que nosotros tan sólo podemos iniciar, como cuando sacamos el tapón de la bañera. El agua va bajando por sí misma, no hay que empujarla para que salga, sino simplemente permitir que siga su curso. En esta oración estás haciendo algo semejante. Permítele a tus pensamientos ordinarios que desaparezcan. Esperar sin iniciar ninguna actividad es actividad suficiente.

¿Qué me dice con respecto a los sentimientos? ¿Debo también dejarlos ir?

Sí. En el contexto de esta oración son considerados pensamientos. Cualquier percepción, de la índole que sea, es un pensamiento. Hasta el pensamiento de que uno no está teniendo pensamientos es un pensamiento. La oración centrante es un ejercicio durante el cual se dejan pasar todas las percepciones, sin tratar de ahuyentarlas ni enojarse porque aparezcan. Esto va enseñando a la persona a desarrollar gradualmente una atención espiritual que es apacible, quieta, y absorbente.

El tener menos pensamientos, ¿es entonces una manifestación de la atención a un nivel más profundo?

Sí. Los pensamientos pueden llegar a desaparecer, en cuyo caso te encuentras al nivel más profundo que es posible alcanzar. En ese momento no hay sentido del tiempo. El tiempo es una medida para lo que va pasando; si no está pasando nada, la experiencia será de ausencia de esa medida y de que el tiempo no pasa. Y es una experiencia maravillosa.

¿Qué se recomienda en cuanto a los ruidos exteriores?

El mejor remedio para un sonido que está fuera de tu control es no resistirte a él y dejar que continúe. Lo externo no es obstáculo para la oración, sino que nosotros "pensamos" que lo es. Cuando aceptas totalmente las distracciones externas que no puedes controlar ni evadir, puede que te sorprenda la gran revelación de que puedes llegar a experimentar esa atención profunda por encima y a pesar de todos los ruidos del mundo que puedan rodearte. Contempla de un modo positivo todas las dificultades externas. Lo único que tienes que mirar de forma negativa es el hecho de eliminar el tiempo diario para orar. Ese es el único problema. Aun cuando tu tiempo de oración parezca estar plagado de ruidos y sientas que eres un fracaso, continúa haciéndolo.

¿Es posible que las personas que están ocupadas y todo el día con prisas sean contemplativas?

Sí, pero cabe una aclaración: no es que la gente que se pasa el día corriendo de un lado al otro se vaya a convertir en contemplativa. Por otra parte, recuerda que el único requisito para ser contemplativo es ser persona. No se puede negar que ciertos modos de vivir se prestan más al desarrollo de la actitud contemplativa, pero este método funciona bien para todo el que lo sigue.

¿Se puede decir a las personas que viajan con uno, "Ahora voy a hacer mi meditación?".

Por supuesto. Puede que hasta se alegren de tener algunos minutos de silencio.

Soy muy consciente de dejar pasar los pensamientos, pero lo que sucede es que me entretengo con las imágenes que percibo de Dios. Es algo que tiende a ser visual. ¿También se considera esto un pensamiento que debo descartar?

Todo tipo de imagen es un pensamiento en el contexto de esta oración. Toda percepción que surge de cualquiera de nuestros sentidos o de la imaginación, memoria, o razón, es un pensamiento. Por consiguiente, cualquiera que sea la percepción, debe dejarse ir. Todo lo que el nivel consciente va captando, eventualmente se desvanecerá, incluyendo cualquier reflexión sobre sí mismo. Es cuestión de permitir que todos los pensamientos pasen de largo, y de mantener la atención fija en el río y no en lo que está pasando por su superficie.

La forma en que me he acostumbrado a enfocar mi atención en Dios, ha sido por medio de una imagen. Al eliminar esa imagen, me es difícil captar qué debo enfocar. ¿Es acaso la palabra que estoy repitiendo?

La atención no debe estar enfocada en ningún pensamiento en particular, y esto incluye la palabra sagrada. Esta tiene como único objeto establecer de nuevo su intención de abrirse al auténtico yo y a Dios, que es su centro. Ni es necesario estar repitiendo la palabra sagrada ni hay que forzar nada puesto que el silencio interior es algo que, por naturaleza, deseamos experimentar. Al forzar algo, estás dando lugar a otro pensamiento y, como se ha explicado, cualquier pensamiento impide a la persona ir adonde desea.

Algunos encuentran más fácil el trascender con una imagen visual que con una palabra. Si tú eres una de estas personas, escoge una que no sea detallada sino generalizada, como por ejemplo, imaginarte que con el ojo interior estás mirando a Dios con la mirada amorosa que dirigirías a alguien a quien amas.

Cuando usted estaba hablando, se me ocurrió pensar que uso imágenes para no sentir que me estoy cayendo.

Algunos perciben que están al borde de un abismo cuando se quedan quietos. No te preocupes; no hay ningún peligro de caerse. La imaginación se ha quedado perpleja por lo desconocido. Está tan acostumbrada a las imágenes que la entretienen, que desprenderse de esta forma habitual de pensar resulta muy difícil y se requerirá alguna práctica para sentirse a gusto con este tipo de oración.

V

LA PALABRA SAGRADA COMO SÍMBOLO

Cualquiera que sea la palabra sagrada que se escoja, es sagrada no por su significado, sino por la intención que representa. Expresa tu intención de abrirte a Dios, el Misterio Máximo, que mora en nuestro interior. Es un punto de enfoque al cual regresar cuando notas que tu interés ha sido cautivado por los pensamientos que pasan.

Una vez que te sientas cómodo con la palabra escogida, quédate con ella[3]. Si te sientes inclinado a escoger otra, puedes hacerlo, pero no hagas estos ensayos durante el período de la oración. La palabra sagrada es una señal o flecha que apunta al sitio donde deseas llegar. Es una manera de renovar tu intención de abrirte a Dios y de aceptarlo tal como Él es. No es que a nadie se le impida orar de otra manera en otro momento, sino que durante el período de la oración centrante no es el momento de interceder específicamente por otras personas. Cuando te abres a Dios, de hecho, estás orando por todos, en el pasado, el presente y el futuro. Estás abrazando la creación entera. Estás aceptando toda la realidad, comenzando por Dios y por esa realidad íntima de tu ser, de la cual generalmente no eras consciente, es decir, tu nivel espiritual.

3. Ejemplos de palabras que pueden ser sagradas: Dios, Jesús, Espíritu, Abba, amén, paz, gloria, amor, perdón.

La palabra sagrada permite que la persona se sumerja en su Origen. El ser humano fue creado para la felicidad y la paz sin límites, y cuando nos percatamos de que nos estamos empezando a mover hacia ellas, no necesitamos mucho esfuerzo. Lo que sucede es que la mayoría del tiempo vamos en una dirección opuesta, porque tenemos tendencia a identificarnos con nuestra falsa identidad y sus preocupaciones, y con el mundo que estimula y ayuda a reforzar esa falsa identidad.

La palabra sagrada no es un vehículo que nos lleva de la superficie del río a sus profundidades, sino más bien una condición para poder llegar hasta esas profundidades. Si yo suelto una pelota que sostenía en mis manos, caerá al suelo, sin que yo tenga que impulsarla.

Así mismo, al dejar ir todos los pensamientos por medio de la palabra sagrada, se abrirá el camino a todas nuestras facultades espirituales, que se sienten atraídas por el silencio interior, para que se muevan espontáneamente en esa dirección. Es un movimiento que no requiere esfuerzo, sino tan sólo el deseo de liberarnos de nuestras preocupaciones ordinarias.

Dado que la voluntad ha sido diseñada para el amor infinito y la mente para la verdad infinita, tenderán a moverse en esa dirección tan pronto se eliminen los obstáculos. Lo que limita su libertad de dirigirse adonde por naturaleza quieren ir es el estar envuelto en otras inquietudes, y durante el período de la oración centrante logran recuperar esa libertad.

Vemos entonces que es por medio de la palabra sagrada como el volumen de pensamientos se disuelve y se reducen a un solo pensamiento, el de abrirse a Dios. No es el vehículo para llevarnos de una imaginación bulliciosa al silencio, sino más bien una condición que nos permite movernos a esa dimensión espiritual a la que la fuerza de la gracia nos está atrayendo.

El mayor obstáculo que nos separa de Dios es la idea de que estamos separados de Él. Si logramos deshacernos de esta idea, se reducirán enormemente todas las dificultades. No estamos convencidos de que en todo momento estamos con Dios y que Él forma parte de toda realidad. El momento presente, todos los objetos que vemos y nuestra naturaleza más íntima, todo tiene sus raíces en Él. Pero vacilamos en creerlo, hasta que por la propia experiencia adquirimos la confianza hacerlo, que involucra un desarrollo gradual de la intimidad con Dios, que continuamente nos habla, tanto por medio de otras personas como desde nuestro propio interior. Una vez que experimentamos la presencia de Dios dentro de nosotros, se activa nuestra capacidad de percibirla en todo lo que nos rodea, la gente, los acontecimientos, la naturaleza. Podremos disfrutar de la unión con Dios tanto en una experiencia de cualquiera de los cinco sentidos como en la oración.

La oración contemplativa es una forma de despertar a la realidad en la cual estamos inmersos. Rara vez pensamos en el aire que respiramos, y sin embargo nos rodea y lo llevamos dentro. De igual manera, la presencia de Dios nos penetra, nos rodea, y nos abraza en todo momento. Desafortunadamente, no siempre estamos atentos a esa dimensión de la realidad; el propósito de la oración, de los sacramentos y las disciplinas espirituales es, entonces, el despertarnos a ella.

La presencia de Dios está a nuestro alcance en todo momento, pero llevamos dentro un obstáculo inmenso para reconocerla: nuestra visión del mundo que nos rodea. Y debemos cambiar esta visión y ver el mundo de la misma manera en que lo ve la mente de Cristo. San Pablo nos dice que la mente de Cristo nos pertenece a través de la fe y de nuestro bautismo, pero para poder tomar posesión de ella se necesita una disciplina que fomente la sensibilidad para oír la invitación de Cristo: "Mira que estoy en la puerta y llamo; si alguien escucha mi voz y me abre, entrar a su casa a comer, yo con él y él conmigo". (Ap 3, 20). No es un gran esfuerzo el abrir una puerta.

Nuestras preocupaciones ordinarias reflejan escalas de valores del subconsciente. Hay pensamientos que nos atraen porque estamos apegados a ellos a causa de programas emotivos que datan de nuestra primera infancia. Cuando dichos pensamientos pasan, es como si todas nuestras luces de aviso comenzaran a parpadear, debido a nuestra gran inversión emocional en los valores que dichos pensamientos estimulan o amenazan. Al entrenarnos en dejar pasar todo pensamiento o patrón de pensamientos que aparezca, nos vamos liberando de todo apego o compulsión.

En la oración contemplativa el Espíritu nos sitúa en una posición en la que estamos descansados y sin deseos de luchar. Por medio de su unción secreta, el Espíritu sana las heridas de nuestra frágil humanidad a un nivel que está más allá de nuestra percepción psicológica, al igual que una persona anestesiada no tiene ni idea de cómo va la operación en la sala de cirugía, sino que se entera después. El silencio interior es el surco perfecto para que el amor divino eche raíces. En el Evangelio el Señor nos da el ejemplo de la semilla de mostaza como un símbolo del amor divino. Es la más pequeña de todas las semillas, pero tiene un potencial enorme para crecer. El amor divino tiene el poder de hacernos crecer y de transformarnos. El propósito de la oración contemplativa es facilitar el proceso de la transformación interior.

Para la mayoría de las personas es más fácil dejar ir sus pensamientos usando una palabra de una o dos sílabas. Pero si encuentras que te ayuda más una imagen visual, utilízala, pero siempre recordando introducirla al nivel de su imaginación y retornando a ella cada vez que se aperciba de que está prestando atención a otro pensamiento. La imagen visual debe ser generalizada, y no algo claro y preciso. A algunas personas les resulta de gran ayuda orar ante el Santísimo Sacramento. Por lo general permanecen con los ojos cerrados, simplemente siendo conscientes de la presencia ante la cual están orando.

Seguir el curso de la respiración es otro método para aquietar la mente. Pero cabe aquí recalcar una distinción muy importante. En la oración centrante el objetivo final no es simplemente dejar ir los pensamientos sino profundizar nuestro contacto con Él, que es la esencia de nuestro ser. Es fundamental no perder de vista la intención de nuestra fe. La oración centrante no es simplemente una atención sostenida hacia una palabra, un símbolo o la respiración, sino la entrega total de nuestro ser a Dios. No es sólo una expresión de nuestra naturaleza espiritual, donde podemos llegar concentrándonos en una postura, mantra o mandala en particular, sino que presupone una relación personal. Tiene que haber un acto de entrega. Si, como cristiano, usas un determinado método físico o psicológico diseñado para aquietar la mente, te sugiero que lo hagas en el contexto de la oración. Por ejemplo, al seguir los ejercicios que llevan a calmar los pensamientos, hazlo motivado por el deseo de acercarte más a Dios. La oración centrante NO es un ejercicio de relajación, aunque puede producirla; es el ejercicio de nuestra relación personal con Dios.

¿Cómo funciona la palabra sagrada?

La palabra sagrada es un pensamiento simple que llevas en tu mente a niveles cada vez más profundos. Por eso la aceptas sin importarte cómo aparece dentro de ti. La palabra que brota de tus labios es exterior y no tiene nada que ver con esta oración; el pensamiento en tu imaginación es interior; y la palabra que expresa tu voluntad es aún más interior. Únicamente cuando traspasas más allá de la palabra para llegar a la conciencia pura, es cuando se ha completado el proceso de interiorización. Eso es justamente lo que María de Betania hacía, postrada a los pies de Jesús. Más allá de las palabras que llegaban a sus oídos, ella iba hacia la Persona que las pronunciaba, el mismo Jesús, hasta unirse con él. Esto es lo que nosotros hacemos cuando nos sentamos en la oración centrante e interiorizamos la palabra sagrada. Estamos yendo más allá de la palabra sagrada hasta llegar a esa unión con aquello a lo cual apunta, que es el Misterio Máximo, la Presencia de Dios, más allá de todo concepto que de Él podamos formarnos.

El deseo de dirigirnos a Dios, de abrir nuestro interior a su presencia, no nace de nuestra propia iniciativa. Nosotros no tenemos que ir a ningún lado para hallar a Dios puesto que Él ya está invitándonos de todas las formas imaginables a unirnos con Él. Podríamos decir más bien que se trata de abrirnos a una acción que de hecho ya está teniendo lugar en nosotros. Consentir la presencia de Dios "es" de hecho su presencia. La palabra sagrada nos lleva más allá de nuestra conciencia psíquica hasta nuestra Fuente, la Santísima Trinidad, que mora en lo más profundo de nuestro ser. Es más, Dios mora allí no como si fuese una estatua o una fotografía, sino como una presencia dinámica. El propósito de esta oración es ponernos en contacto con la acción que Dios está iniciando constantemente en ese centro íntimo de nuestro ser.

Si continúas con esta práctica a diario durante varios meses, comprobarás si es o no adecuada para ti. No hay sustituto alguno para la experiencia misma. Es como llegar a conocer a un nuevo amigo; si os encontráis a menudo y conversáis con regularidad, llegaréis a conoceros mejor en menos tiempo. Por eso recomendamos dos períodos de oración cada día, preferiblemente al levantarse de la cama por la mañana y antes de la cena por la tarde. Algunas veces la "conversación" es absorbente y tiene sobre ti un efecto calmante y refrescante. Otras, es como si estuvieras discutiendo sobre fútbol, cuando no tienes ningún interés por ese deporte; continúas escuchando solamente porque te atrae la persona que está hablando y deseas mostrar tu interés en el tema que más le agrade. No vas a dejar que te altere un período de oración aburrido, porque tu meta a largo plazo es cultivar tu amistad con Dios. La disciplina esencial es hacer un período de oración todos los días.

¿Qué hacer cuando durante el período completo de la oración me asaltan oleadas tras oleadas de pensamientos?

Tan pronto como comiences a relajarte, notarás que tu mente está llena de pensamientos que vienen tanto del exterior como del interior. La imaginación es una facultad de movimiento perpetuo; está constantemente revolviendo nuestras imágenes. Así que debes esperar esto de tu memoria y de tu imaginación; los pensamientos seguirán desfilando. Lo importante aquí es saber aceptar que esto es inevitable y que va a seguir ocurriendo. Absolutamente nadie va a caer por las buenas en un océano de paz en donde no haya distracciones. Tienes que aceptar que tú eres como eres, y que Dios es como es, y que Él te va a guiar por senderos que a lo mejor no te resultan muy cómodos, pero que Él sabe son lo mejor para ti.

Cuando se presenten pensamientos indeseados, déjalos ir sin alterarte. Si en tu mente decides aceptar que van a venir muchos pensamientos, lo más probable es que no te alteres cuando éstos aparezcan. Si, por el contrario, piensas que el objeto de la oración centrante es librarte de "todo" pensamiento, te expones a una desilusión constante. Y esa desilusión, cuando la sientes, es un pensamiento que tiene su propia carga emotiva, y destruye cualquier silencio interior del que hayas estado disfrutando.

¿Es necesario estar repitiendo la palabra sagrada constantemente?

Siempre que los pensamientos estén pasando espontáneamente, no es necesaria la palabra sagrada. Al principio puede ser de gran ayuda regresar a ella para introducirla en tu subconsciente y facilitar el recordarla cuando te haga falta durante la oración. La regla básica es dejar que todos los pensamientos que aparezcan en la superficie del río pasen de largo. Mientras esto suceda, no tienes que hacer absolutamente nada con respecto a ellos. Pero cuando se despierte en ti el deseo de echarle un vistazo a una de las barcas para ver qué encuentras, es el momento para recurrir a la palabra sagrada. Haz esto con gran suavidad, sin esfuerzo alguno.

Cuando acabes de recibir una mala noticia, o hayas tenido una discusión con alguien, hará falta un poco de preparación para la oración. Leer las Sagradas Escrituras, caminar, pasear alrededor de la manzana, o hacer un ejercicio de yoga, puede ayudarte a calmar ese torbellino emocional en el que te encuentras. Una de las razones por las cuales se recomienda la oración a primera hora es porque aún no ha habido oportunidad de que algún suceso te altere.

La palabra sagrada, ¿desaparece permanentemente o sólo ocasionalmente durante un período de oración?

Experimentar paz interior es la expresión de la palabra sagrada a su nivel más profundo. Estás experimentando aquel punto al final del camino hacia el cual apunta la oración. Pero, por lo general, esto no es algo permanente. Vas a encontrar que a menudo sigues "rebotando" desde ese punto y que tienes que regresar de nuevo a la palabra sagrada.

Usted dijo que lo que cuenta es, no tanto la repetición de la palabra sagrada, como la intención detrás de ella. Yo me pregunto si sería posible aferrarse a la intención sin repetir la palabra. Parecería como que van unidas.

Al principio se hace muy difícil mantener tu intención sin repetir continuamente la palabra sagrada. Pero eso no quiere decir que tengas que seguir repitiéndola. Existen formas de oración cristiana que se asemejan a la práctica de mantras en la tradición hindú, que consisten en repetir la palabra sagrada continuamente. El método de la oración centrante no es así. En esta práctica, únicamente regresas a la palabra sagrada cuando te apercibes que estás pensando en otra cosa. A medida que vas adquiriendo más seguridad en esta oración, empiezas a encontrarte más allá de la palabra, en un nivel de paz interior. Es entonces cuando comprendes que hay un nivel de atención que trasciende la palabra sagrada. Recuerda, la palabra sagrada es una señal que apunta hacia algo, y tú has llegado a ello. En tanto que no experimentes esto, debes continuar regresando a la palabra sagrada para reafirmar tu intención cuando notes que tu mente está ocupada pensando en otra cosa.

Parecería como si una palabra pudiese poseer una cierta cualidad emotiva, algo así como su atmósfera propia. Me pregunto en qué se diferencian el tratar de aferrarse a esa palabra para llegar a conocer la cualidad emotiva que esa palabra llega a tener en la oración centrante, y el dejar ir todo, incluyendo la cualidad emotiva de la palabra, en la esperanza de que vendrá algo enviado por Dios mismo.

No se debe prestar atención al significado de la palabra sagrada o a su resonancia. Es preferible escoger una palabra que no revuelva otras ideas asociadas en la mente o provoque un deseo de considerar las cualidades particulares de la misma. La palabra sagrada es simplemente un gesto, una expresión de lo que intentas; no tiene más significado que ese intento; por consiguiente, la palabra sagrada deberá escogerse como una simple expresión de ese intento y no por el significado que pueda tener o su atractivo emocional. Cuanto menor sea el significado de la palabra sagrada para ti, tanto más efectiva será. No representa una forma de ir a Dios ni un camino al silencio interior. Más bien podríamos decir que establece un clima interior que facilita el movimiento de fe. El movimiento de fe pura es el corazón de la oración contemplativa, y tan sólo Dios puede darle un contenido a ese tipo de fe.

Puede que llegues a un punto en que ya no reflexiones sobre la palabra sagrada. Cuando te sientas a orar, todo tu psique se recoge y se funde con Dios. El silencio interior es la palabra sagrada en su nivel más profundo. Por ejemplo, si viajas a Nueva York, comprarás un billete en tu punto de partida. Pero al llegar a Nueva York, no tienes que acercarte al mostrador a comprar otro billete; ya te encuentras allí. De la misma manera, usa la palabra sagrada para movilizarte hasta llegar al silencio interior. En cuanto experimentes la presencia inconfundible, general y amorosa de Dios, más allá de todo pensamiento, no regreses a la palabra sagrada. Has llegado a tu destino.

A veces me imagino que he llegado a la tranquilidad antes de haber llegado. La he saboreado unas cuantas veces, pero ocasionalmente creo que está allí antes de que en realidad lo esté, y no siento deseos de regresar a la palabra; sin embargo, siento que es lo que debo hacer.

No estés tan seguro y quédate donde estás unos instantes más. Dios es mucho más asequible e íntimo que lo que pensamos. Si el Señor extiende su brazo y te obliga a descender, ¡maravilloso! Pero como esto no sucede con frecuencia, hay algo que tú puedes hacer por tu parte para facilitar el camino, y es eso justamente lo que hace el método de la oración centrante.

¿En qué se fija nuestra atención durante la oración centrante? ¿Es acaso en la palabra sagrada? ¿En el significado de la palabra? ¿En el sonido de la palabra? ¿En la vaga sensación de que Dios se encuentra presente?

En ninguna de estas cosas. No tratamos de fijar nuestra atención en la palabra sagrada durante la oración centrante. No la seguimos repitiendo o pensando en su significado; su sonido no tiene significado alguno. La palabra sagrada es solamente un símbolo. Es una flecha, una señal que apunta hacia la dirección que nuestra voluntad desea. Es un gesto o un signo de aceptar a Dios tal como Él es, aunque no sepamos con exactitud que significa esto. Otra comparación sería que es como la aguja en la brújula del barco que indica la ruta en medio de una tempestad. No es un medio, y mucho menos un medio infalible, de llegar a nuestro destino. Está fuera de nuestro alcance obtener una sensación vaga de que Dios está presente. ¿Cuál es, entonces, nuestro enfoque principal en la oración centrante? Es ahondar en nuestra relación con Jesucristo, el Ser Humano Divino.

Al comentar con otras personas que practican la oración centrante, me he enterado de que ellos dejan de repetir la palabra sagrada tan pronto como aparece algún tipo de silencio. Se quedan entonces en silencio por unos minutos; luego los pensamientos aparecen de nuevo y retornan a la palabra. Descienden de nuevo a la quietud y descartan la palabra; luego aparecen los pensamientos y retornan a ella. ¿Cuál es su opinión sobre este descender y retornar, descender y retornar a la palabra?

Por lo que usted escribe parece que estas personas saben lo que están haciendo. Algunos maestros de oración están convencidos, basados en su experiencia, de que las mentes occidentales contemporáneas tienen tanta actividad que deben estar repitiendo un mantra cristiano una y otra vez, al menos al principio. Las personas que llevan una vida así de activa ciertamente van a beneficiarse de esta forma de concentración para cautivar su atención. Sin embargo, el método de oración centrante no es de concentración sino totalmente receptivo. Aun cuando ambos métodos son excelentes y se dirigen a la misma meta, no son iguales y producen efectos diferentes en la psique. En la oración centrante, el uso de la palabra sagrada tiene como objeto fomentar una actitud receptiva. El movimiento interior hacia Dios sin palabra alguna es a veces suficiente. Puedes sumergirte en el silencio interior tan pronto tomas asiento, por el simple hecho de abrirte a la presencia de Dios. Su presencia ya existe, pero puede que tú no te hayas apercibido de ella debido a tus otras ocupaciones y deberes.

La oración centrante es una forma de atención increíblemente simple. Consiste más en intención que en atención. En la medida en que el Espíritu se apodere más y más de tu oración, te acercarás más hacia una conciencia pura, que es una mirada intuitiva dentro de tu auténtico Ser. No hay otra forma de conocer directamente a Dios en esta vida excepto por medio de la fe pura, que es el oscurecimiento de todas las facultades. Esta oscuridad debe interpretarse no como un bloqueo total de dichas facultades, sino como trascender más allá de la actividad normal de las mismas. Fe pura, según la define San Juan de la Cruz, es la forma más aproximada de unión con Dios.

La oración contemplativa puede abrirse o manifestarse en variadas experiencias o sin experiencia alguna. En cualquier caso, es un entrenamiento para contentarse con Dios tal como es y como actúa. Lo que se deriva de esto es una tremenda libertad, cuando finalmente te asientas en esa disposición de ánimo en la que ya no buscas ningún tipo de consuelo por parte de Dios. Los consuelos espirituales pueden causar tanta distracción como los de los sentidos. Dios, en su infinita sabiduría, da consuelo al que necesita curación de problemas emocionales –del tipo al que me referí anteriormente–; la persona que ha sido privada de afecto necesita mucho afecto. El Espíritu sabe esto tan bien como cualquier psiquiatra, y quizás por esa razón derrama sobre ciertas personas oleadas de amor y muchas pruebas de afecto. Esto no quiere decir que estas personas sean más santas que otras o que el Espíritu las ame más, sino simplemente que necesitan más amor. Les da, entonces, lo que necesitan, teniendo siempre en mente fortalecerlas para que puedan recibir comunicaciones más sustanciosas, que van más allá del alcance de la percepción psicológica.

VI

LOS PENSAMIENTOS MÁS COMUNES

En las primeras etapas de la oración contemplativa, la gran batalla se libra con los pensamientos. Es importante aprender a reconocer los diferentes tipos de pensamientos y tener ejemplos de lo que aparece en la superficie de la corriente del consciente y conocer la mejor forma de manejarlos.

Una variedad de pensamientos, que podríamos denominar como la más común, es la que contiene las divagaciones comunes de la imaginación. La imaginación es una facultad de movimiento perpetuo y constantemente está moliendo material. No sería realista tratar de no tener pensamientos. Cuando hablamos de desarrollar un silencio interior, se trata de un nivel relativo de silencio; nos referimos primordialmente a un estado en el cual no nos "apegamos" ni "adherimos" a los pensamientos que van pasando.

Vamos a suponer que una persona estuviese conversando con alguien en el séptimo piso de un edificio de oficinas en el centro de la ciudad, y que las ventanas estuviesen abiertas. Desde la calle se oye el constante ruido del tráfico que pasa. Es obvio que no se puede hacer nada para que cese ese ruido. Si uno se altera, preguntándose por qué rayos no puede haber silencio, o decide bajar en el ascensor para pedirle a gritos a la gente que por favor se callen, lo único que se va a lograr es que la conversación quede interrumpida. Si simplemente se continúa con la conversación, ignorando el bullicio, se logrará poco a poco ignorarlo. Esta es la mejor solución para las divagaciones de la imaginación, aceptar el hecho de que son parte de la realidad del mundo interior de cada cual. Si se hace esto, se irán desvaneciendo hasta convertirse en insignificantes.

Habrá, sin embargo, horas en que el ruido aumenta y los decibelios alcancen un nivel insoportable. Esto también debe aceptarse. Habrá ocasiones en que las divagaciones y las locuras de la imaginación lo perseguirán a uno desde el comienzo hasta el fin. Esto no quiere decir que la oración no sirvió de nada o que no se disfrutó de algún tipo de silencio interior. Si se persevera, gradualmente se irán desarrollando nuevos hábitos y nuevas habilidades, una de las cuales será la de percibir dos niveles de conciencia que funcionan al mismo tiempo. Te puedes estar dando cuenta del bullicio que te rodea, y sin embargo reconoces que tu atención está cautivada por algo a un nivel más profundo que es imposible definir pero que no deja de ser muy real.

La habilidad de formar durante esta oración un muro, por decirlo así, alrededor del silencio interior para aislarse contra el ruido exterior, es un fenómeno que puede experimentarse relativamente pronto. Si se acepta el ruido por completo, escasamente estorbará. Si se batalla o se lucha con él, o se desea que desaparezca, irán apareciendo todo tipo de sonidos. Aunque al principio no se triunfe, eventualmente uno llegará a experimentar un silencio maravilloso a un nivel muy profundo, aunque esté rodeado de ruido.

Recuerdo que en una ocasión visité una familia que vivía justo encima del tren de la Tercera Avenida en Nueva York, antes de que la demolieran. Su apartamento estaba situado enfrente de los rieles. De vez en cuando se oía el ruido ensordecedor del tren que pasaba. A mí el estrépito me hacía añicos. Me parecía que el tren estaba pasando por en medio de la sala; pero esta familia parecía como que estuvieran en otro mundo y no se apercibieran de nada. Mantenían la charla y cuando venía un tren, paraban de hablar porque era imposible oír lo que se decía. Después de que pasaba el tren, reanudaban la conversación en el punto mismo donde la habían dejado, como si no hubiese sucedido nada. Habían logrado incorporar el ruido ensordecedor en sus vidas. Pero para alguien que no estaba acostumbrado, era, más que una interrupción, el fin de la conversación.

Así sucede con lo que ocupa nuestras mentes. A veces es tan grave que algunas personas no están dispuestas a soportarlo. Dirán, "Esto del silencio interior y la oración contemplativa es puro cuento. Yo no puedo soportar este desfile de pensamientos agotadores que me pasan por la cabeza". Así que se levantan y se van. Si tan sólo tuvieran paciencia y le dieran tiempo al tiempo, se acostumbrarían al "ruido interior".

El hábito de practicar la oración centrante reduce gradualmente la cantidad de ruidos interiores. Al principio no hay alternativa, somos bombardeados por una infinidad de pensamientos. La mayoría de nosotros, antes de empezar con la oración centrante o algún otro tipo de proceso para aquietar la mente, no nos damos ni cuenta del número de pensamientos que nos asaltan sin cesar. Pero cuando nos proponemos tranquilizarnos, nos apercibimos del volumen de cosas sin importancia que almacenamos en nuestras mentes. Algunas personas llegan hasta asustarse de ver todo lo que está sucediendo en su pensamiento y prefieren enfrentarse con el flujo ordinario de sus pensamientos superficiales.

Es necesario que tratemos de crear el mejor ambiente para facilitar nuestra oración: buscar un momento tranquilo durante el día, alejado de teléfonos y otras interrupciones que se puedan prever, siguiendo el ejemplo de Jesús cuando habla de orar en secreto al Padre. Si hay un montón de niños corriendo por la casa, puede resultar muy difícil hallar un sitio o un momento en que haya silencio (para algunos el único sitio puede ser la bañera). En todo caso, hay que tratar de encontrar un lugar y un momento en que las posibilidades de ser interrumpido sean mínimas. Algunos ruidos, tales como el de la cortadora de césped o el de un avión, pueden integrarse fácilmente al silencio interior, pero aquellos que captan el interés del intelecto y la imaginación, tales como una conversación en voz alta que llega a nuestros oídos, son más difíciles de manejar.

En resumen, la mejor respuesta a las divagaciones comunes de la imaginación es ignorarlas, pero no con una sensación de incomodidad o ansiedad, sino con una de aceptación y de paz. Cualquiera que sea la respuesta a la llamada de Dios, tiene que empezar por aceptar incondicionalmente la realidad del momento presente, tal como es. Sabiendo que las divagaciones de la imaginación son parte de nuestra naturaleza, acepta el hecho de que los pensamientos vendrán. La solución no es tratar de poner la mente en blanco. Eso no es a lo que nos referimos cuando hablamos de silencio interior.

Durante todo el tiempo que dure un período de oración centrante, estamos entrando y saliendo del silencio interior. La atención interior de la persona se asemeja a un globo en un día calmado que lentamente desciende hasta posarse en el suelo. Justo cuando está llegando, una ráfaga inesperada hace que se vuelva a elevar. En forma similar, hay un momento extraordinario en la oración centrante en que uno siente que está a punto de deslizarse en el más exquisito silencio. Justo en ese momento aparece un pensamiento indeseado, y requerirá mucha paciencia aceptar el pensamiento y no acongojarse porque no se pudo penetrar el silencio. Simplemente vuelve a comenzar. Este comenzar constantemente con gran paciencia, calma y aceptación, nos entrena para aceptar la vida como el conjunto que es. Nos prepara para actuar. Debería existir una aceptación básica de lo que sea que esté sucediendo antes de proceder para decidir qué hacer con ello. Nuestro primer acto reflejo es querer cambiar la realidad de las cosas, o al menos controlarla.

El segundo tipo de pensamiento que aparece en la corriente de nuestra percepción durante el tiempo de oración, es cuando en el curso de las divagaciones de nuestra mente, empieza a interesarte un pensamiento en particular y te apercibes que ha cautivado tu atención, y puede que surja algún tipo de emoción en relación con dicho pensamiento.

Cualquier imagen o pensamiento cargado de emoción, ya sea proveniente del exterior o generado por nuestra propia imaginación, inicia una respuesta automática en nosotros que podríamos llamar del sistema del gusto: sientes que espontáneamente te gusta o no te gusta. Cuando notes que existe curiosidad o apegamiento hacia un determinado pensamiento, lo indicado es que inmediatamente regreses a tu palabra sagrada. Esto reafirma tu intención original de abrirte y entregarte totalmente a Dios.

Como ya hemos dicho, nuestro consciente es como un gran río, sobre cuya superficie nuestros pensamientos y experiencias se deslizan como si fuesen barcas, basura, esquiadores acuáticos, o cualquier otro objeto. El río mismo es la participación que Dios nos ha dado en Su propio Ser. Es la parte de nosotros sobre la cual descansan todas las demás facultades, pero de la que normalmente no somos conscientes porque estamos absortos en lo que está sucediendo sobre la superficie del río.

Con la oración centrante comenzamos a cambiar el curso de nuestra atención de los barcos hacia el río mismo, aquello que sirve de apoyo a todas nuestras facultades y que es su fuente. Este río que mencionamos en esta analogía no tiene cualidades ni características. Es espiritual e ilimitado puesto que se trata de una participación en la persona de Dios. Supongamos que una barca capta tu interés y te das cuenta de que estás prestando atención al mismo para ver qué lleva a bordo. De hecho te estás alejando de tu intención original. Tienes que perseverar en desviar tu atención de lo que se mueve sobre la superficie del río y enfocarla hacia el río mismo, ir de lo particular a lo general, de lo que tiene forma a lo que no tiene forma, de la imagen a lo que no tiene imagen. El retornar a la palabra sagrada es una forma de renovar la intención en la búsqueda de la presencia de Dios a que nos llama nuestra fe.

Retornemos ahora al ejemplo de estar conversando con un amigo en el séptimo piso de un edificio de oficinas en el centro de la ciudad. Es la hora de más tráfico y las bocinas de automóvil empiezan a sonar. Comienzas a preguntarte qué estará pasando y dejas de prestar atención a lo que tú y tu amigo estáis hablando. Por cortesía tienes la obligación de reiterar tu atención al tema, así que diriges tu mirada hacia él o ella para indicarle que le pides disculpas, o que quieres reanudar la charla que tú interrumpiste. En otras palabras, sólo hace falta un simple movimiento para reanudar la conversación. No se trata de parar o eliminar el ruido o de pelear con él, sino simplemente de regresar a tu intención original. De la misma manera, cuando en la oración centrante te das cuenta de que estás pensando en algo diferente, de nuevo enfoca tu atención en Dios, y como prueba de tu intención, piensa en la palabra sagrada.

El asunto no es repetir la palabra sagrada como si fuese una fórmula mágica para vaciar la mente o imponer la palabra en tu consciente a la fuerza. Cuando retornas a la palabra sagrada, reafirmas tu preferencia de conversar con Dios y de estar unido a Él, y esto no requiere esfuerzo alguno, sino entrega. Por este motivo, cada vez que regreses a tu palabra sagrada, hazlo sin exasperarte ni desesperarte. Si tu reacción es violenta, esto será contraproducente. A nadie se le ocurre cortar el césped con un buldózer; y para espantar una mosca sólo necesitas es un pequeño movimiento de tu mano. En la oración centrante, la renovación paciente de tu intención basta, es la única actividad.

Hay muchas formas en que Dios se comunica con nosotros a través de nuestros pensamientos o por medio de nuestras facultades. Pero no hay que perder de vista que el lenguaje primordial de Dios es el silencio. Tú prepárate para guardar silencio en esta oración, y si las cosas se desenvuelven de otra manera, ese es Su problema, no el tuyo. Tan pronto como lo conviertas en tu problema, estarás deseando algo que no es Dios. La fe pura te acercará a Dios más que cualquier otro medio. Si se está apegado a una experiencia de Dios, eso no es Dios, sino un pensamiento. El tiempo que se dedica a la oración centrante es un tiempo en que se dejan pasar todos los pensamientos, incluyendo los más sublimes. Si de verdad valen la pena, regresarán.

¿Cuál es su opinión sobre las drogas que se usan para ayudar a tener una experiencia mística?

Es cierto que algunas personas parecen hallar experiencias espirituales valiéndose de ciertas drogas psicodélicas. Es mucho más deseable adquirir una disciplina que depender de drogas, que no siempre producen el efecto deseado. Las drogas, al igual que algunos métodos de gran intensidad en la meditación oriental, pueden liberar material del subconsciente antes de que la persona esté preparada para enfrentarse con el mismo. Ha habido casos de personas que al tomar LSD han tenido pésimos "viajes" porque no estaban psicológicamente preparados para lo que surgió del subconsciente como resultado de la misma.

Esta tarde sentí pesadez y cansancio.

A menudo notarás que lo que pudiera llamarse períodos de oración "buenos" o "malos" se turnan. Trata de descartar dicha categorización.

Un pensamiento que me vino fue, "¿Qué objeto tiene todo esto? Levántate ya y déjalo todo". Por supuesto, no lo hice.

¡Muy bien! Eso fue sólo un pensamiento más. Por más que te persiga un pensamiento, todo lo que debes hacer es dejarlo ir. Si lo combates, estás creando otros pensamientos.

Quisiera aclarar algo contra lo que yo tuve que luchar. Anteriormente trabajé con gran determinación para estar centrado. He tenido la sensación de estar esforzándome para concentrarme en lugar de ir al centro de manera tranquila y suave.

Esta es una oración que no lograrás usando tu fuerza de voluntad. Cuanto más esfuerzo pongas en hacerla, menor será el resultado obtenido. Cuando te apercibas que estás esforzándote mucho, relájate y despréndete. Introduce la palabra sagrada con suavidad, con increíble suavidad, como la de una pluma al posarse sobre un pedazo de algodón absorbente.

Cuando los pensamientos pasan veloces como pelotas de tenis, miras a tu alrededor a ver qué encuentras para defenderte. Pero darles fuerte para sacarlas del campo no es lo más apropiado. Con toda sinceridad debes reconocer, "estoy agobiado con estos pensamientos" y tener paciencia, teniendo en cuenta que ya pasarán si no les das importancia. No se contrarresta un ataque con otro ataque. Esta oración está totalmente libre de violencia. Una muestra de que se está tratando con demasiado ahínco es una sensación de tensión en la frente o en la nuca. Si permites que tu atención fluya con esa molestia durante unos momentos, por lo general desaparecerá; es decir, acepta el hecho de que tienes esa sensación dolorosa. Descansa en su presencia. El dolor tiene la particularidad de que disuelve los demás pensamientos y hace que la mente se fije en un solo punto, que es lo mismo que el propósito de la palabra sagrada. Cuando desaparezca el "dolor", vas a necesitar de nuevo tu palabra sagrada.

Durante el primer período de oración alcancé a oír fragmentos y palabras de una sesión de un consejero con otra persona ya que hablaban en voz alta. Sentí deseos de decir la palabra sagrada a gritos para superar el ruido.

En un caso así no es mucho lo que puedes hacer que no sea retornar a tu palabra sagrada continuamente, pero siempre aceptando la situación tal como es. A veces lo único que puedes hacer es resignarte. Piensa que estás siendo renovado a un nivel más profundo, pero que no puedes disfrutarlo.

Si acaso en un futuro lejano, llegara el momento en que la oración se prolongue por más de treinta minutos, y posiblemente hasta una hora, se podrían presentar molestias con la espalda. ¿Es ese el momento para decir, "Este es el momento en que debe cesar la oración" o simplemente continuar con la oración?

Normalmente tu oración debería concluir antes de que comience a dolerte la espalda. Por lo general uno tiene una idea de cuándo terminar el período de oración; para algunos esto puede suceder al cabo de veinte minutos; para otros, después de media hora o más. Dudo que se pueda prolongar la oración por más de una hora sin sentir que la sesión ha llegado a su fin. Pero estás en completa libertad de avanzar hasta llegar a ese punto si sientes ese deseo y tienes la gracia para llevarlo a cabo.

Una forma mejor de prolongar la oración sería hacer dos períodos de oración de duración normal, uno después del otro, separados por una caminata meditativa que se hace muy pausadamente alrededor del recinto y que lleva de cinco a diez minutos. Esto ayuda a disipar la inquietud que pueda resultar de estar sentado en la misma posición por un largo período de tiempo.

Cabe aclarar que la duración del tiempo de oración no determina el beneficio que se deriva de la misma. Lo importante es la calidad de la oración, no la cantidad. Un sólo momento de unión divina es más valioso que un largo período de oración durante el cual estés constantemente entrando y saliendo del silencio interior. A Dios sólo le lleva un instante el enriquecerte. A este respecto podríamos decir que el proceso de espera es una preparación para los momentos de unión divina. Puede que la unión ocurra sólo durante un instante, y que sin embargo te enriquezca más que si pasaras una o dos horas en una forma menos profunda de oración contemplativa que carezca de ese momento de total absorción por Dios. Cada uno de nosotros tiene que decidir a través de la práctica y de experimentar la duración de nuestro período de oración. No es aconsejable prolongarlo sólo porque "marcha bien".

Cuando me doy cuenta de que estoy profundizando más, me asusto y me salgo de la oración. Mi temor es que me voy a quedar sumergido. No sé si el miedo es de orden psicológico, físico o espiritual.

Esto es bastante común. Cuando te aproximas al límite de dejar de lado el propio ser, es posible que sientas miedo, a menos que la atracción divina sea fuerte y te inspire confianza. Nuestra imaginación puede haberse forjado la idea de que lo desconocido es temible. Si ignoras el temor y te zambulles, encontrarás que el agua está deliciosa.

Anoche me dejé llevar, pero luego me forcé a salirme, después sentí mucho haberlo hecho; y no pude entender por qué actué así.

Antes de comenzar a orar, dile a Dios: "Si deseas conducirme al otro lado, hazlo". Y a continuación relájate. La primera vez que te administraron anestesia, no sabías lo que sucedería. Si no hubiera sido porque te viste forzado a aceptarla, posiblemente no lo hubieras hecho. En esta oración tenemos una situación parecida. No sabes qué sucederá cuando pares de reflexionar. Pero trata de hacerlo.

Estaba a punto de entrar en una experiencia bellísima cuando me asaltó ese temor y paré. No sé por qué me salí de la oración.

Trata de no reflexionar sobre la experiencia misma cuando esté teniendo lugar.

¿Existe acaso la posibilidad de llevar a cabo esta oración tan a menudo que se corra el riesgo de que se convierta en una experiencia pasiva?

Únicamente si oras por espacio de más de cinco o seis horas diarias, durante un largo período de tiempo. Yo no creo que tres o cuatro horas diarias puedan tener efecto adverso alguno; y muchos podrían permanecer en oración por más tiempo si poco a poco van extendiendo el tiempo en el curso de varios meses. Si la haces correctamente, notarás que en tus actividades diarias la energía aumenta en lugar de disminuir. Esto sucede porque te estás liberando de un sinnúmero de traumas emocionales que antes te agobiaban.

El hecho de que tus facultades superficiales estén dándose cuenta de un montón de barcas y basura que se movilizan por la corriente de la conciencia no implica que tus otras facultades, es decir, el intelecto y la voluntad, no estén en contacto profundo con Dios. Puede que con gran pena te des cuenta de que están pasando pensamientos indeseables que te gustaría eliminar; pero también puede que descubras que algo dentro de ti está absorto con una misteriosa presencia que es totalmente intangible, refinada y delicada. La razón para ello es que tu psique está desarrollando o expandiendo la percepción de que hablé anteriormente, y es capaz de participar en dos planos de realidad al mismo tiempo, el uno superficial y el otro profundo. Si estás entretenido con pensamientos superficiales o te alteras porque te vienen esos pensamientos, no podrás experimentar el nivel más profundo. Sin embargo, también habrá otras ocasiones en que el ruido de la imaginación o la memoria te impedirán experimentar ese nivel más profundo por más que trates de abrirte.

Una señal de que se ha estado profundamente absorto, posiblemente mucho más de lo que puedes imaginarte, es cuando el tiempo de oración parece haber transcurrido muy rápidamente. Cuando no hay objetos en la mente, la percepción del tiempo parece que se diluye, y lo que se experimenta es una sensación de suspensión del tiempo. Eres totalmente consciente, pero no del tiempo que pasa. El tiempo es una proyección del propio ser, y cuando no hay pensamientos, no existe el tiempo, te liberas de él. Esto te da el entendimiento intuitivo de que cuando el cuerpo y el espíritu se separen, no va a haber un cambio tan grande; cuando te encuentras en oración profunda, ni piensas en el cuerpo. La perspectiva de morir pierde su efecto atemorizante porque has experimentado con anticipación esa separación del cuerpo y el alma, y sabes cómo se disfruta.

A veces durante la oración tengo la sensación de estar contento, alegre, y lo encuentro muy agradable.

No debes tomar la oración demasiado en serio. Parecería que Dios fuese juguetón. Basta mirar a un pingüino o ciertos otros animales para darse cuenta de que a Dios le gusta hacerle bromas a las criaturas. Ese ánimo juguetón de Dios juega un rol importante en la realidad. Nos advierte que no nos tomemos demasiado en serio, porque Dios nos creó con un cierto sentido del humor.

¿Sabe mi ángel de la guarda lo que está sucediendo en mi oración centrante?

A menos que se lo digas, no. Ni los ángeles ni los demonios pueden percibir lo que estás haciendo en la oración contemplativa si has profundizado lo suficiente. Ellos sólo conocen lo que está contenido en tu imaginación y tu memoria, y están limitados a agregarle material a estas facultades. Pero cuando entras en un profundo silencio interior, el único que conoce el secreto de lo que está sucediendo es Dios. Sólo Él ve lo más recóndito del alma. Algunas personas piensan equivocadamente que si relajas la mente, estás dándole acceso a las fuerzas diabólicas para que penetren. Pero de acuerdo a San Juan de la Cruz, nunca te encuentras más seguro que cuando estás absorto en la presencia de Dios, más allá de pensamientos y de sentimientos. En ese lugar no te pueden tocar los demonios; es tan sólo cuando sales del silencio interior cuando te pueden atacar con toda clase de tentaciones. Es por esta razón que lo mejor para defenderte de las tentaciones es dejarte deslizar y caer en la misma actitud que asumes en la oración contemplativa. Ese es el significado de los salmos que el rey David cantaba a Dios, cuando dice "¡mi refugio, mi fortaleza, mi roca, mi fuerza, mi gran torre, mi muralla!"[4]. No debemos temerle a abrirnos y exponernos a peligros desconocidos cuando practicamos la oración contemplativa. Absolutamente nadie puede unírsenos en ese nivel, excepto Aquél que es aún más profundo que ese nivel, el Dios infinito que mora dentro de nosotros y de cuyo amor creativo brotamos en todo momento.

> *Hoy, durante el período de mi oración, tenía un pensamiento que regresaba persistentemente. Al terminar mi primera oración, regresó nuevamente. Se trataba de algo muy egoísta. Me lo llevé a la capilla a orar y se lo regalé al Señor, y luego me sentí muy bien. Era como si tuviese una astilla en la piel que tenía que sacarme para que no me molestara más. ¿Qué ventaja tiene presentarle algo así al Señor en una oración cuando puedes hablar con Él de esta manera?*

No dudes en hacer lo que más te atraiga; debemos acercarnos al Señor con completa libertad. Yo hago énfasis en la oración contemplativa porque se había abando-

4. Cf. Salmos 17, 27, 30, 45, 58, 61, 70, 90.

nado en los últimos siglos. El tiempo que le dediques al silencio interior no tiene por qué interferir con otras formas de oración que acostumbres a realizar.

> *Cuando comencé a practicar la oración centrante, se me hizo muy difícil no salirme y comenzar a recitar oraciones vocales, cuando creía que no estaba llegando a ninguna parte, pero ahora he llegado a comprender que si hago espacio en mi mente, el Espíritu Santo lo llenará y orará dentro de lo más profundo de mi ser. Esto me ha ayudado a dispersar los pensamientos. Ahora veo que no hay necesidad de que yo exprese mi oración en palabras, sino que si me relajo le estoy permitiendo a Él que entre y ore por mí.*

La oración no se ha hecho para que cambie a Dios sino para que nos cambie a nosotros. Cuanto más rápidamente permitamos que esto suceda, tanto más mejorará nuestra oración. Pero una vez que se despierta nuestro interés en Dios y comenzamos a buscarlo, lo mejor que podemos hacer es guardar silencio al orar y dejar que sea Él el que complete el proceso. ¿No es acaso ese el significado principal de la existencia de la Virgen María? Ella no podía olvidarse de Dios. Era ella toda oración, en todo su ser y en cada una de sus acciones.

¿Qué fue lo grandioso que Nuestra Señora hizo por nosotros? Trajo el Verbo de Dios a este mundo, o, para expresarlo mejor, hizo posible que viniera a este mundo por medio de ella. Lo que le permite a Cristo continuar viviendo en el mundo no es tanto lo que "hagamos", sino lo que "seamos" Cuando la presencia de Dios brota de lo más profundo de nuestro ser para introducirse en nuestras facultades, la vida divina se derrama sobre el mundo sin importar lo que estemos haciendo, que puede ser caminar por la calle o tomarnos un plato de sopa. La efectividad de cada una de nuestras acciones depende enteramente de la fuente de donde nace. Si nace del "Falso Yo" es limitadísima; y si viene de una persona que está totalmente sumergida en Dios, es extremadamente efectiva. El estado contemplativo, al igual que la vocación de la Madre de Jesús, trae a Cristo al mundo.

Quisiera una aclaración sobre el uso de la oración contemplativa en momentos de tentación, estrés, o contrariedades. Me inquieta la idea de usar la oración para que me de paz, pues ¿no es acaso esa una motivación egoísta por mi parte?

A lo que yo me refería cuando mencioné que el refugiarse en la oración contemplativa podía calmar tus pensamientos y sensaciones cuando se han fijado en alguna tentación, es que se practica el dejarla ir de la misma manera que lo haces durante el período de la oración. El tratamiento que se le da a una tentación puede ser el mismo que el que se le da a cualquier pensamiento que aparece en nuestro nivel consciente ordinario. Si logras dejarlo pasar, es suficiente resistencia. Si no eres capaz de hacerlo, tendrás entonces que buscar otras formas de resistencia.

La actitud que adoptamos de dejar ir ciertas cosas en nuestra vida cotidiana para que nos sirva de preparación para la oración en una forma palpable y práctica, ¿nos servirá para facilitar que dejemos pasar los pensamientos cuando estamos orando?

Existe una reciprocidad entre tu actividad normal durante el día y tu oración. Mutuamente se apoyan y sostienen.

¿Cómo se puede orar en profundo silencio y paz cuando se está muy alterado por algo?

En ese caso no puedes esperar orar en silencio sin antes interponer algún tipo de actividad que sirva para suavizar las circunstancias. Es posible que tengas que correr alrededor de la manzana, hacer algún ejercicio, o una lectura apropiada. Si no haces eso, te vas a sentir, cuando te sientes a orar, como si estuvieses sentado debajo de las cataratas del Niágara en lugar de estar al pie de la corriente de tu conciencia. Tienes que darte la oportunidad de calmarte antes de comenzar a orar. Es más, algunas pruebas son tan duras que te caes de bruces y por más que te esfuerces en calmarte, no vas a lograr silencio interior. Sin embargo, si dedicas el tiempo acostumbrado para orar, eso te ayudará con el problema y la tormenta emotiva que lo acompaña.

¿Por qué hay que limitar los períodos de oración a media hora cuando se practica en grupo?

Parece ser el período normal para prestar atención en forma prolongada. Si se extiende, algunas personas podrían desanimarse para comenzar o continuar. Debe, sin embargo, prolongarse lo suficiente como para establecer la sensación de silencio interior.

Tiene mucho valor orar diariamente a la misma hora y por igual duración para que se acumule una reserva de silencio. Al dividir el día con dos períodos iguales de oración profunda, esa reserva de silencio tendrá la mejor oportunidad de influenciar el día entero.

Cuanto mayor sea tu actividad, tanto más necesitarás tu tiempo de oración. La actividad excesiva tiende a causar cansancio, a la vez que ejerce una misteriosa fascinación. Podría compararse con el caminar en una máquina de ejercicio o con un carrusel del cual es difícil apearse. La oración, cuando se practica regularmente es una verdadera disciplina. Interrumpir lo que se está haciendo para sentarse a orar, puede ser muy difícil. Hay que estar convencido de que es más importante orar que cualquier otra actividad, exceptuando tal vez alguna llamada urgente para una obra de caridad. Te llevarás una gran sorpresa al descubrir que lo que tenías que hacer se llevará a cabo de forma más fácil y más rápida. Verás con mayor claridad cuál es el valor relativo de cada una de tus actividades comparada con otra, y cuál debe atenderse primero.

¿Por qué dos veces al día y no un sólo período, más largo?

El orar dos veces al día te mantendrá más cerca de tu reserva de silencio. Si te alejas demasiado de ella, es como si por fin llegaras al primer puesto en la cola de las personas que han estado esperando para recoger agua, y cuando abres el grifo, sólo salen unas gotas. Debes tratar de mantener la presión del agua para evitar que esto suceda, y esto lo lograrás rellenando tu reserva hasta que en algún momento te sorprenda el descubrimiento de un pozo artesiano. Cuando esto suceda, el agua correrá continuamente.

La oración contemplativa prepara a la persona para la acción, acción que es inspirada por el Espíritu Santo cuando silenciamos nuestra propia agitación, deseos y atrasos del pasado. Ese es el silencio que le da a Dios la máxima oportunidad para hablarnos.

¿Qué es preferible durante el tiempo de oración, reflexionar sobre lo que esté sucediendo o dejarlo ir por completo?

Durante la oración no se recomienda reflexionar sobre lo que esté pasando, sino que debemos suspender totalmente el deseo de querer emitir un juicio; lo podrás hacer más adelante y te puede ayudar. A medida que adquieres experiencia, debes integrar tu oración continuamente en el resto de tu vida en que vives tu fe, lo cual requiere algo de conceptualización; al mismo tiempo, no tienes que analizar tu oración para experimentar sus beneficios. Lo mejor es no andar observando lo que está sucediendo; si los frutos son buenos, lo vas a notar espontáneamente. Es más, otras personas te van a decir, "Ya no pareces agitarte tanto como antes". Puede que aparezca una cierta suavidad y dulzura en ti que nadie notó antes. Tú mismo puede que te des cuenta de que si antes sentías deseos de golpear a alguien cuando te enojabas, ahora te basta con un moderado reproche.

La oración contemplativa fomenta una actitud totalmente diferente hacia los propios sentimientos, porque los coloca en un punto de referencia distinto. La mayoría de los sentimientos extremos nacen de una sensación de inseguridad, especialmente cuando uno se siente amenazado, y si te ves constantemente reforzado por la presencia de Dios en el silencio profundo, pierdes el miedo a que alguien te contradiga o te imponga su propia opinión. Puede que adquieras suficiente humildad como para aprender algo de los insultos y humillaciones, en lugar de dejarte arrastrar por sentimientos de desprecio hacia ti mismo o de venganza hacia los demás. En nuestra cultura parecen predominar los conceptos negativos de uno mismo, debido a la baja autoestima que las personas desarrollan en la niñez y que pueden deberse a una sociedad altamente competitiva. Cualquiera que no sea un ganador, pensará que no sirve para nada ni a nadie en la sociedad. ¡Qué contraste con la quietud de la oración profunda, en donde eres un ser nuevo, o, mejor aún, eres TÚ!

¿Qué sucede si se prolonga la oración centrante por varias horas porque sirve de consuelo?

Cualquier cosa llevada al extremo produce efectos secundarios negativos. Tanto la alegría como la pena excesivas producen fatiga. El propósito de la oración no es aumentar ni la oración ni el silencio, sino integrar ambas en la actividad cotidiana. Un consuelo espiritual puede producir tanta satisfacción que puede llegar a ser una trampa. Por eso, al limitar el tiempo para la oración contemplativa, se tiene una medida de sentido común de lo que es razonablemente bueno para ti, sin correr el riesgo de "glotonería espiritual". Aproximarse al silencio interior es un regalo precioso. Su belleza es tan incomparable que le cambia a la persona totalmente el concepto de lo que es belleza. Si experimentas esto con relativa frecuencia, te vas fortaleciendo para enfrentarte con cualquier oposición o contradicción. El silencio interior es una de las experiencias humanas más fortalecedoras y reafirmantes. Es más, no hay nada que te reafirme más que el experimentar la presencia de Dios. Esa revelación, mejor que ninguna otra cosa, nos dice: "Eres una persona buena, yo te creé y yo te amo". El amor divino nos da vida, en todo el sentido de la palabra; y cura cualquier sentimiento negativo que podamos tener acerca de nosotros mismos.

Me asalta el temor de que voy a dejar de respirar durante el tiempo de la oración. Me siento más tranquilo cuando pongo mi atención en seguir el ritmo de mi cuerpo, y me da miedo dejarlo ir por mucho tiempo.

Puede que no respires muy profundamente, pero tan pronto como tu organismo necesite oxígeno, respirarás automáticamente. El cuerpo tiene su propio sentido común, y si estás respirando muy superficialmente, simplemente hará que respires una vez profundamente. Es lo que sucede durante el sueño, y sucederá durante la oración. Hay una cierta relación entre el pensar y el respirar.

Al disminuir la respiración, disminuyen los pensamientos. Pero tan pronto comienzas a pensar, aumentará la intensidad de tu respiración.

He oído decir que cuando se ayuna se mejora la calidad de la meditación. Supongo que eso es cuestión de entrenamiento y práctica.

El ayunar es algo que varía de acuerdo a las personas. Lo que se recomienda para hacer la oración centrante es que no se haga con el estómago lleno, y la razón para esto es que esta oración tiende a desacelerar el metabolismo, por lo cual el proceso digestivo será más lento. Se debe esperar una hora y media después de una comida abundante para orar. Tampoco se recomienda practicar la oración antes de retirarse a dormir; puede generar una gran energía que te puede desvelar durante unas cuantas horas.

Para algunos, el ayunar mejorará la experiencia de la oración centrante; para otros puede tener el efecto opuesto. Si se tiene tanta hambre que se convierte en una preocupación durante el tiempo de oración, entonces el ayuno será contraproducente. Un principio a seguir para esta oración es que hay que olvidarse del cuerpo. La vida sencilla, sin llegar a extremos, es lo que mejor se ajusta a esta práctica.

El grupo ayuda por el apoyo moral que proporciona. ¿Qué es mejor, orar a solas o en grupo?

Es cierto que en el grupo se halla soporte moral y psicológico. Es por este motivo que un grupo que se reúne una vez por semana es de gran ayuda. Por otro lado, algunos prefieren orar a solas porque entonces no se tienen que acoger a lo que los demás hagan. Ambas experiencias son provechosas.

Cuando presto atención a que no estoy pensando en nada, caigo en la cuenta de que estoy pensando en mi respiración.

La mejor forma de manejar este hecho es aceptándolo e ignorándolo. Es como si uno estuviera caminando por la calle en dirección hacia la iglesia y alguien empezara a andar a su lado. Sencillamente uno sigue caminando sin prestarle atención al intruso, y llegará a su destino. Al ser receptivo a todo lo que suceda, aumenta la probabilidad de que la imagen obsesiva desaparezca. Si la sensación es de fastidio o de placer, el pensamiento aumentará en intensidad.

Todos los pensamientos que se deslizan por la superficie consciente están sujetos a la limitación de tiempo porque son objetos móviles, por tanto todos tienen que pasar de largo, tarde o temprano. Si uno espera y no hace nada, pasarán; pero si uno trata de hacer algo con ellos o de alejarse de ellos, se involucra y les sigue la corriente, entonces se verá obligado a comenzar de nuevo.

Deja que los pensamientos vayan y vengan, sin incomodarte, sin esperar nada. Es una forma muy delicada de abnegación, más valiosa que la austeridad corporal, que consiste en fijar la atención en sí mismo. Esperar a Dios sin alejarse, dándole a la oración el tiempo regular, y soportando lo que suceda en la imaginación, son las prácticas más efectivas para llegar a una devoción verdadera; observarlas llevará a una completa transformación del corazón.

A veces existe una sensación de que hay algo alrededor; la palabra sagrada se convierte en algo real y uno no puede forzarse a repetirla. No es un estado consciente ordinario como cuando se está despierto, pero tampoco como cuando se está dormido porque se sabe lo que está ocurriendo.

Ese es el estado de conciencia que tratamos de despertar. Podría llamarse atención espiritual; en este profundo estado consciente la persona se apercibe de factores externos pero no hasta el punto de crear una impresión porque está cautivo en una misteriosa atención interior. Podría compararse a una conversación con un ser amado. Puede que uno no esté diciendo nada especial, pero esté totalmente absorto en ese ser. Por ejemplo, al estar sentados en un restaurante podría suceder que los camareros vayan y vengan y dos personas ni se enteren de lo que está sucediendo en su derredor porque están enfrascadas en una conversación muy importante; podrían no notar que el camarero ha venido y dejado la cuenta sobre la mesa, ni que el local ha quedado vacío porque todos han terminado y se han marchado. Esta oración no es una conversación con intercambio de palabras, sino una conversación de corazón a corazón. Es un nivel más alto de comunicación que el que ofrecen otros tipos de oración y tiende a integrar esos niveles inferiores en sí misma.

Me encontré oponiendo cierta resistencia a Dios y a medias me daba cuenta de esas resistencias que sucedían en forma espontánea. Mi pregunta es, ¿es apropiado usar este período de oración para luchar consigo mismo o con Dios?

Cuando uno entra en silencio interior, algunos de los conflictos que están ocultos detrás del flujo ordinario de pensamientos comienzan a salir a flote. Yo diría que normalmente este no es el tiempo de luchar y los dejaría pasar de largo; el tiempo para reflexionar sobre ellos viene después de terminar la oración. El gran valor de la oración está en esta inmersión total en aquel aspecto de nuestra relación con Dios que es el más importante, a saber, el cultivo del silencio interior. Puede que se enfoquen problemas de orden psicológico como resultado de una gran paz interior, y a veces puede ser bastante revelador lo que surja. Pero por lo general estas revelaciones son trucos del intelecto para lograr que la mente piense en algo. "Cualquier cosa menos silencio" es la respuesta del "Falso Yo" a este tipo de oración, puesto que el silencio interior va en contra de todas las inclinaciones de éste. Es por esto que hay que seducirlo para que se esté quieto por unos instantes. Sin embargo, cabe aclarar que si aparece una solución a un conflicto que te inspire ponerte a trabajar en ello de inmediato, te tomes la libertad de hacer una excepción; aunque si eso sucede con frecuencia, puede que estés cometiendo un error.

> *Hoy tuve una experiencia: los pensamientos iban y venían sin que yo me preocupara por ellos como acostumbro hacer. Todavía estoy tratando de equilibrar el uso de la palabra sagrada con el simple descanso en la presencia. Hubo unos breves momentos de presencia simple sin que yo hiciera nada. Entonces me preguntaba, ¿debería usar la palabra ahora?*

Cada vez que te encuentras en silencio interior profundo, cualquier pensamiento tiene el mismo efecto de un cebo sobre un pez que reposa en lo profundo de un lago. Si muerdes el anzuelo ¡vas fuera! Trata de no tener expectativa alguna, algo muy difícil que sólo lograrás si adquieres el hábito de dejar pasar cada pensamiento. Llegará el momento en que se pierda totalmente el interés en lo que venga navegando por el río, al saber que de todos modos pasará de largo, agradable o desagradable. Para terminar, la práctica de la oración centrante hará la vida más llevadera porque uno será capaz de dejar ir y venir todo de la misma forma. Es un curso de entrenamiento para dejar pasar todo.

VII

SURGIMIENTO DE LA SENSIBILIDAD ESPIRITUAL

El acto principal de la voluntad no es "esfuerzo" sino "consentimiento". El secreto para rebasar las dificultades que surgen en la oración contemplativa es aceptarlas. En la voluntad hay más afectividad que efectividad, y cuando uno trata de lograr algo por un esfuerzo de su propia voluntad, está reforzando el "Falso Yo;" esto no quiere decir que no se debe hacer esfuerzo alguno cuando las circunstancias lo requieran. Al comienzo la voluntad está llena de hábitos egoístas, y tendremos que hacer un esfuerzo para sustraernos de los mismos. Pero, a medida que ascendemos por la escalera de liberación interior, la actividad de la voluntad será más y más de consentimiento a Dios y a su gracia penetrante. Cuanto más haga Dios y cuanto menos haga uno, tanto mejor será la oración. Al comienzo la persona es consciente de que tiene que seguir repitiendo la palabra sagrada una y otra vez. Para describir mejor este tipo de actividad podría decirse que uno "regresa" a la palabra sagrada, o que uno coloca, con gran suavidad, la palabra sagrada en el nivel ordinario consciente, puesto que ella representa el símbolo del sutil movimiento espiritual de la voluntad al servir de instrumento para consentir a la presencia de Dios. De hecho Dios está presente, así que no hace falta extender el brazo para poderlo alcanzar.

La palabra sagrada es el símbolo de consentir a la presencia de Dios. Con el tiempo la voluntad consentirá sin necesidad de símbolo alguno. La voluntad tiene una labor que hacer, y es bien real, pero es de receptividad, y esta es una de las actividades más difíciles que existen. Recibir a Dios es la actividad principal en la oración contemplativa.

El método de la oración centrante es un medio para abrirse a Dios completamente. Entregarse sin reservas a Dios es también dar consentimiento en un grado más avanzado. Nuestra transformación es la labor de Dios, no podemos hacer absolutamente nada para que suceda; en cambio sí podemos convertirnos en un obstáculo para que suceda.

Cuando se establece el hábito de orar de esta manera, parece como que si se estableciese una Presencia misteriosa, inconfundible y tranquila en nuestro interior. Algunos afirman que pueden sentir que Dios mora dentro de ellos; y esa Presencia que trae consigo paz y que está presente siempre que se relajan, pasa a convertirse en su método de oración.

Al principio venimos a la oración con nuestro "Falso Yo" y con todas sus expectativas e ideas preconcebidas. Esa es la razón por la cual, cuando enseño esta oración, digo que no requiere esfuerzo alguno. La palabra "esfuerzo" automáticamente es interpretada en nuestro concepto como que hay que "hacer un esfuerzo", lo cual diluye la disposición básica de receptividad que es indispensable para progresar en la oración contemplativa. Cabe aclarar que receptividad no es sinónimo de inactividad. Se está activo pero no se está haciendo ningún esfuerzo en el sentido normal de la palabra; y si uno desea llamarlo así, debe recordar que no se parece en nada a cualquier otro tipo de esfuerzo. Se trata simplemente de una actitud de espera por el Misterio Máximo.

No sabemos lo que es, pero a medida que se purifica nuestra fe, disminuye nuestro interés en saberlo, aun cuando, en cierto sentido, si que nos morimos por saberlo. Pero sabemos positivamente que esto no es posible por las limitaciones de nuestras facultades humanas, y que es inútil esperar nada. Ni sabes ni puedes saber qué es lo que estás esperando.

Vemos entonces que esta oración es un viaje hacia lo desconocido. Es una llamada a seguir a Jesús dejando de lado todas las estructuras, los símbolos de seguridad, y hasta las prácticas espirituales que puedan estar sirviendo de soporte. Todas se dejan de lado puesto que forman parte del sistema del "Falso Yo". Para ser humilde, hay que olvidarse de sí mismo, que es lo más difícil de lograr en este mundo, y no va a suceder por el simple hecho de tratar o de esforzarse por lograrlo. Sólo Dios puede eliminar al "Falso Yo", puesto que se trata de algo ilusorio, nuestro propio modo de ver al mundo que nos rodea y a nosotros mismos. Jesús dijo, "El que renuncia a su vida por mí, la hallará". (Mateo 16, 24) como también, "El que quiera seguirme, que renuncie a sí mismo (refiriéndose al "Falso Yo"), cargue con su cruz y me siga". (Mateo 16, 24). ¿A dónde va Jesús? Va camino de la cruz, en donde su Ser humano y divino es sacrificado.

Para los cristianos una unión personal con Cristo es el medio para llegar a la unión divina. El amor de Dios se encargará del resto en la jornada. Lo que practica el cristiano tiene como objetivo primero desmantelar el "Falso Yo"; es la labor que Dios parece exigir de nosotros como prueba de nuestra sinceridad. Entonces tomará en Sus manos nuestra purificación, sacará a la luz del día nuestro egoísmo profundamente arraigado para que lo enfoquemos, y nos invitará a que renunciemos a él. Si estamos de acuerdo, él lo hará desaparecer y lo reemplazará por Sus propias virtudes.

En el desarrollo del ser humano, hay ciertas etapas críticas, por ejemplo, el comienzo de la adolescencia, y el de los primeros años de adulto. Algo similar acontece en el crecimiento espiritual, se presenta una crisis cada vez que hay una llamada a entrar a un nivel de conciencia más elevado. Cuando se inicia una crisis, uno se aferra a su "Falso Yo" como si su vida dependiera de ello, y si opone resistencia al crecimiento espiritual, existe la posibilidad de que dé marcha atrás, o dé vueltas como una peonza por un rato; la opción es de triunfar o de fracasar, de crecer o de retroceder. Si se retrocede, esto refuerza al "Falso Yo", y habrá que esperar a que Dios nos presente un nuevo desafío. Él tiene grandes planes para nosotros y afortunadamente no se da por vencido fácilmente. El mismo patrón de entrenamiento que nos relatan los evangelios que usó Jesús con sus discípulos es el que nuestro Padre celestial utiliza para con nosotros.

La cananea del Evangelio nos presenta un magnífico ejemplo de alguien que está pasando por lo que San Juan de la Cruz llamó "la noche de los sentidos" la crisis que se inicia con la movilización de una dependencia total de la razón y de los sentidos corporales, para poder llegar a la docilidad total con el Espíritu. Esta mujer se le acercó a Jesús, como muchas otras personas lo habían hecho, para pedirle la curación de su hija. No esperaba encontrar ningún inconveniente. Se arrodilló e hizo su petición, pero Jesús no le contestó. Se postró entonces, con la cara en el polvoriento suelo, y su única respuesta fue una total frialdad. A nadie había tratado Jesús tan mal. En tanto que ella continuaba tragando polvo, él se dirigió a ella diciendo: "No es justo quitarle el pan a los hijos y tirárselo a los perros" (Mateo 15, 26). La implicación de estas palabras es obvia. Sin embargo, la respuesta de ella fue increíble, "Tienes toda la razón, Maestro. Pero, ¡aún los perros se comen las migajas que caen de la mesa del señor!" (Mateo 15, 27) Jesús se emocionó. El propósito de Su extraño comportamiento había sido llevarla a un nivel más elevado de fe. Al final de la conversación pudo decirle, "¡Cuán maravillosa es tu fe! ¡Obtendrás cualquier cosa que desees!". Para llegar a ese punto, es posible que también nosotros tengamos que experimentar desaires, silencio y aparentes rechazos.

Algunas personas se quejan de que Dios jamás oye sus plegarias. Y ¿por qué les va a responder a ellas? Al no hacerlo, está contestando nuestra petición más importante, que es nuestra transformación. Eso fue precisamente lo que le sucedió a la cananea.

A veces no hay pensamientos, y tan sólo soy consciente de lo que sucede. No sé si dejar pasar esto o seguirle prestando atención.

Esa es una pregunta muy importante. Si te percatas de que no hay pensamientos, eso es en sí un pensamiento. Si en ese momento puedes dejar de lado esa percepción de que has sido consciente de que no hay pensamientos, entonces te moverás hacia la "conciencia pura", que es el estado en que no hay conciencia alguna de sí mismo. Cuando tus facultades retornen a su nivel ordinario, es posible que sientas una paz deliciosa, una buena indicación de que no estabas durmiendo. Es importante saber que el lugar al cual nos dirigimos es aquel en que el conocedor, lo conocido y el conocimiento son una misma cosa, y en donde permanece únicamente la conciencia. En ese estado la persona pierde la noción de lo que antes estaba percibiendo. Eso es lo que se conoce como unión divina, no hay reflexión alguna sobre sí mismo. La experiencia es pasajera, pero te encamina hacia el estado contemplativo. Mientras exista la "sensación" de estar unido a Dios, no puede ser unión completa. Si hay un sólo pensamiento, no es unión completa, puesto que el momento de unión completa no contiene pensamientos. No te das cuenta de nada hasta que sales de él. Al comienzo es tan tenue que puedes confundirte pensando que estabas durmiendo. No es lo mismo que lo que sientes cuando estás en unión con Dios, es decir, en el estado de autorreflexión. La unión a nivel espiritual es un estado de conciencia pura. Es una infusión de amor y conocimiento combinados, y durante el período en que sucede, no hay autorreflexión.

Llevamos algo dentro de nosotros que desea llegar a experimentar que no somos conscientes de nada. Aun cuando esté presente el deseo de dejar de lado al propio ser, no está a nuestro alcance el poder hacer absolutamente nada para que esto suceda, excepto el continuar dejando pasar todo pensamiento. Si la persona comienza a pensar en sí misma, se estará metiendo de nuevo en el mundo de los conceptos.

A algunos les resultará algo intimidante la unión divina; no podemos imaginar cómo pueda ser ese estado de unión divina. Pensamos, "¿Qué sucede si me quedo inconsciente? ¿Qué ocurre si no regreso nunca?". Si damos cabida al temor de que puede ser posible que no regresemos, estamos inhibiendo el proceso.

La oración centrante es un ejercicio para dejar ir, no es otra cosa. Deja de lado todo pensamiento. Un contacto con el amor divino capacita a la persona para poder tirar todos los placeres mundanos al cesto de basura. El reflexionar sobre comunicaciones de orden espiritual las desvirtúa. El "Diamond Sutra"[5]. nos los dice todo: "Trata de desarrollar una mentalidad que no se adhiera a nada". Esto incluye visiones, éxtasis, locuciones, comunicaciones espirituales, dones psíquicos. Ninguno de ellos puede compararse en valor a la conciencia pura.

5. *Enseñanzas de Luk, Ch'an y Zen*, Serie Uno, 173.

Resulta extremadamente difícil no reflexionar sobre los consuelos espirituales, sobre todo si no se los experimenta con frecuencia. Sin embargo, al aproximarse al silencio interior y ser sacado del mismo repetidamente, empieza uno a aceptar el hecho de que el método de querer retener algo, no funciona. No te descorazones ni te sientas culpable. El fracaso es el camino a una confianza ilimitada en Dios. Recuerda siempre que tienes un sinnúmero de oportunidades. Este Dios nuestro no está eliminando nada de la lista de nuestras oportunidades, sino que continúa acercándosenos desde todo ángulo imaginable. Te seduce, te atrae, te iza o te empuja, según sea el caso, hacia el lugar donde Él quiere que estés.

Con el tiempo uno puede acostumbrarse a cierto grado de silencio interior. La paz deliciosa que tanto disfrutó cuando comenzó a practicar la oración contemplativa ha pasado ahora a convertirse en un estado de ánimo normal. Como todo en la vida, es muy factible acostumbrarse a la oración centrante y no notar que se siguen recibiendo dones preciosos. Normalmente uno se sienta para comenzar su oración y llega a un espacio silencioso, eso es todo. Pero eso no quiere decir que ya no se recibe la oración de quietud, en la cual la voluntad está unida con Dios. Si están pasando los pensamientos y no te sientes atraído hacia ellos, puedes estar seguro de que estás en la oración de quietud. Cuando todas las facultades son cautivadas por Dios, estás en unión plena; sin embargo, ese no es el fin de la jornada.

¿Cuál es la relación entre la oración contemplativa y el resto de la existencia?

La unión que se establece durante la oración debe ser integrada con el resto de la realidad. La presencia de Dios debería convertirse en una especie de cuarta dimensión en todo. Nuestro mundo tridimensional no es el mundo real porque la dimensión más importante falta, que es, aquello de lo cual todo lo que existe emerge y a lo cual retorna en cada momento microcósmico de tiempo. Podría compararse al hecho de añadir sonido a una película que no lo tenía. La película es la misma, pero el sonido la hace aparecer con más vida. El estado contemplativo queda establecido cuando la oración contemplativa deja de ser una experiencia o una serie de experiencias para convertirse en un estado de conciencia permanente. Dicho estado contemplativo te permite descansar y al mismo tiempo estar activo, puesto que la persona está arraigada en la fuente de las dos cosas, es decir, del descanso y de la acción.

Algunas personas experimentan una prueba anticipada de lo que es la unión divina, luego la pierden por una temporada, y luego tienen que volver a llegar a ella. Dios puede iniciarte en el camino espiritual en cualquier punto de la vida espiritual. Si el comienzo es algo acelerado, habrá que volver a empezar para llenar lo que quedó en blanco. No creas que algunos son más afortunados porque tienen visiones a la edad de cinco o seis años; aún tendrán que luchar para desmantelar los programas emotivos de su más tierna infancia. Estos programas sólo se adormecen pasajeramente por la acción divina. Pero sí será una gran ventaja para estas personas, la única tal vez, el haber saboreado por experiencia propia lo que falta en sus vidas y el saber que nada que no sea Dios les va a satisfacer jamás. Hay que evitar caer en el error de envidiar o admirar el camino espiritual de otra persona. Tienes que convencerte de que tú posees todo lo necesario para llegar a la unión divina. La razón por la cual esto se convierte en obstáculo es que es una manera de aferrarse, es decir, un deseo de controlar.

Deja ir cualquier consuelo, ya sea espiritual o sensorial. Por ejemplo, cuando "sientes" que el amor de Dios te invade, es una forma de unión, pero no deja de ser una unión percibida. Por tanto, no es unión pura, no es unión plena. El consuelo espiritual es tan maravilloso que la naturaleza humana ansiosamente extiende sus brazos para alcanzarlo. No nos vamos a quedar impávidos y aparentar como si no estuviese allí. Todo nuestro ser se extiende tratando de alcanzarlo mientras exclama, "¡Si tan sólo pudiera acordarme cómo llegué a este punto!".

En tanto que estés dominado por estos deseos, todavía estás tratando de controlar a Dios. Aun cuando tuvieras una visión de que los cielos se abren y que aparece Jesús sentado a la diestra del Padre, olvídala y regresa a la palabra sagrada. No tienes nada que perder. Las comunicaciones espirituales cumplen su cometido instantáneamente, antes de que tengas la oportunidad de reflexionar sobre ellas. Has recibido el beneficio completo de ese regalo aunque jamás vuelvas a pensar en Él. El dejar ir los dones espirituales que llegan es la mejor forma de recibirlos. Cuanto más te desprendas de ellos, tanto más recibirás, o mejor dicho, tanto mejores serán. Pero, hará falta llenarse de valor para poder dejar pasar una de las experiencias más deleitables que alguien puede experimentar.

¿Cuál es la razón para que durante la oración se alternen todo el tiempo el consuelo y el desconsuelo, el silencio interior y el bombardeo de pensamientos, la presencia y la ausencia de Dios?

Estos altibajos en nuestra relación con Dios no son tan diferentes de las presencias y ausencias de alguien a quien amamos entrañablemente. *El Cantar de los Cantares* nos presenta a Dios persiguiendo al alma como Su amado. Los padres de la iglesia se sentían especialmente inclinados hacia este verso: "¡O, que su brazo izquierdo estuviese bajo mi cabeza y su derecho me abrazase!" (Cnt. 2, 6). De acuerdo con esta interpretación, Dios nos abraza con sus dos brazos; con el izquierdo nos amonesta y nos corrige; y con el derecho nos levanta y nos consuela para asegurarnos que nos ama. Si deseas ser abrazado enteramente por Dios, debes aceptar los dos brazos: el que permite el sufrimiento que lleva a la purificación, y el que conduce a la felicidad que trae consigo la unión. Cuando te aflige un dolor corporal o cuando te persigue una lucha de orden psicológico, piensa que Dios te está abrazando con mayor intensidad. Las pruebas son una expresión de Su amor, y no de rechazo.

En la oración contemplativa, el malestar causado por la ausencia de Dios se compensa a menudo por las experiencias de unión divina. Cuanto más intensa sea el ansia de alcanzar una unión con Cristo, tanto más dolorosas serán Sus aparentes ausencias o alejamientos. El sufrimiento forma parte de los altibajos de la vida. No es que sea en sí una finalidad, pero sí es parte del precio que uno tiene que pagar por ser infinitamente amado. El amor, sea humano o divino, te hace vulnerable. Los cambios de alegría a tristeza en la jornada espiritual nos ayudan a desapegarnos de nuestras experiencias psicológicas. Los que aman de verdad están más interesados en que se les ame por sus atributos personales que por sus abrazos. Así mismo sucede con Dios. Quiere que se le ame por lo que Él es, por Su esencia misma, más allá de cualquier sensación que experimentemos. La tendencia a querer ser correspondido en el amor es apenas natural. El Espíritu nos está enseñando por medio de estos cambios continuos que amemos a Dios como él es en Su esencia, sin que influya para nada el contenido de nuestra experiencia psicológica. Ese tipo de libertad estabiliza la jornada espiritual. De allí en adelante, las vicisitudes del camino, que a primera vista pueden a veces ser muy dolorosas, no afectan en lo absoluto a aquel corazón que está arraigado en amor divino.

Hay un nivel en que el dolor es gozo y la pena, alegría. Entonces ya no importa, porque uno está arraigado firmemente en algo donde lo único que tiene importancia es el amor divino. Desde el punto de vista del amor divino, el dolor puede ser gozo. Es una forma de sacrificarnos totalmente por el bien del Amado. No pone fin al dolor, pero adquiere una cualidad diferente que la del dolor común, y esa cualidad nace del amor divino. Encuentra en el dolor una forma de expresión de su amor en una forma tan absoluta que no sería posible de otra manera. Jesús crucificado es la forma como Dios expresa la inmensidad de su amor por cada uno de nosotros, la prueba de que Él nos ama infinita e incondicionalmente.

¿Puede la atracción interior hacia el recogimiento dominarte durante el día, en medio de nuestras ocupaciones ordinarias?

Sí. Mi única recomendación es que mientras se esté conduciendo un automóvil, se mantengan los ojos abiertos. En todo otro momento, si se tiene la oportunidad, ¡adelante! También es posible excederse, y es bueno recordar que la parte placentera de la oración no es la finalidad, sino el medio. Si logras unirte a Dios sin los intermediarios de sensaciones y pensamientos, se acaba la separación. El consuelo espiritual es la forma de ablandar las facultades y sanarlas de sus múltiples heridas. Da una perspectiva de Dios totalmente distinta de cuando se le mira exclusivamente con base en el bien y el mal, en lo correcto y lo incorrecto, en premio y castigo. A medida que la relación íntima con Dios se va profundizando, no se debe prolongar indebidamente el tiempo de oración. Cuando haya deberes pendientes, se sacrificará por el momento la atracción que se sienta por el silencio interior. Pero si no hay nada urgente que hacer, no veo por qué no se pueda acceder a dicha atracción durante cinco o diez minutos, o más, si se dispone del tiempo.

En las órdenes contemplativas debería existir un gran respeto por la expresión individual de la vida contemplativa. Dios llama a la persona, de acuerdo a los diferentes períodos de su crecimiento espiritual, unas veces a una vida de comunidad más intensa y otras a una mayor soledad. Si se pertenece a una comunidad en donde sólo existe la primera, la situación no se presta para una plena expresión de la vocación contemplativa. Hasta las mejores instituciones tienen sus limitaciones, y Dios puede usar situaciones restrictivas para llevar a una persona a una gran perfección; pero con el despertar general de nuestros tiempos hacia el reconocimiento de las necesidades individuales de cada uno, las comunidades deberían tener en cuenta que las personas contemplativas también tienen sus necesidades y proporcionarles una atmósfera de apoyo y comprensión.

Los mayores sufrimientos de personas contemplativas han sido causados, no por Dios, sino por los demás. Cuando Santa. Margarita María Alacoque experimentaba sus visiones del Sagrado Corazón de Jesús, a menudo entraba en un éxtasis corporal.[6] Cuando las otras monjas se levantaban a la señal de dejar el coro, ella no podía hacerlo. Sus superiores le acusaron de desobediencia porque no estaba obedeciendo el reglamento. Algunas de las hermanas creían que estaba endemoniada y la rociaban con agua bendita para protegerse y para proteger a las demás hermanas. Es fácil imaginarse sus caras cuando trataban de expulsar el demonio de la pobre Margarita María, que simplemente era incapaz de sustraerse al amor de Dios. Su vida de oración se estaba desarrollando de forma normal, pero sus sentidos no podían soste-

---

6. Poulain, *Las gracias de la oración interior*, XIV:57.

ner la fuerza de las gracias que Dios estaba infundiendo en ella. Más adelante, cuando su espiritualidad maduró más, sus sentidos no claudicaban, y entonces su nivel de oración ya no se hacía tan obvio.

El consuelo de una experiencia espiritual que rebosa e invade los sentidos y el cuerpo, es una fase del crecimiento en la oración contemplativa. Hay temperamentos más propensos que otros a que esto suceda, y a algunos ni les sucede. Cuando es intenso, no se puede mover un músculo del cuerpo y el tiempo pasa desapercibido. En la oración centrante esto ocurre: cuando el tiempo de oración pasa rápido, uno sabe que si hubiera profundizado un poco más, no habría tenido noción alguna del transcurrir del tiempo; si otra persona se hubiera acercado a tocarlo, uno se hubiera sobresaltado. Si una comunidad decide que este fenómeno es peligroso, diabólico, o que es imposible que le suceda a una humilde religiosa, entonces esa comunidad no va a servir de mucho en el desarrollo de la vida espiritual. Desafortunadamente, durante trescientos cincuenta años han prevalecido estas actitudes en las comunidades religiosas, debido al clima anti-contemplativo que ha reinado. El temor a un falso misticismo condujo a extremos tales como el de la Inquisición, que consideraba sospechosos hasta los escritos de Santa Teresa y San Juan de la Cruz. Este último ha sido reconocido como uno de los exponentes más importantes de la vida mística en toda la historia de la Iglesia Católica Romana; y si este santo no pudo escapar a la sospecha de la Inquisición, ¿qué se puede esperar que le suceda a una persona religiosa común y corriente que esté teniendo experiencias que no puede expresar con palabras porque no es ni teólogo ni director espiritual?

Una cosa es tener la gracia de la oración interior; otra es ser capaz de comunicarla. No van necesariamente juntas. A veces alguien que verdaderamente tiene la experiencia contemplativa la expresa de una forma que altera los elementos más conservadores que se encuentran alrededor. Puede suceder que se le tilde de herético, cuando lo único que ha hecho es tratar de expresar su experiencia de forma un poco torpe.

Lenguaje místico y lenguaje teológico no son la misma cosa. El primero es la expresión de la intimidad de la alcoba, de amor, y por lo tanto de hipérbole y de exageración. Cuando un esposo dice que adora a su esposa, no está queriendo decir que la considere una diosa. Simplemente está tratando de expresar el amor que "siente" en un lenguaje que es insuficiente, a menos que use una hipérbole. Pero si las personas que lo rodean no entienden ese lenguaje, pueden pensar que tiene que ver con el demonio.

¿Cuál es la posición del Movimiento Carismático en relación con este concepto de la Oración Contemplativa?

La gran contribución que ha hecho el Movimiento Carismático es el hacer renacer en los cristianos contemporáneos que crean en la actividad dinámica del Espíritu Santo, que es fortaleza, consuelo y guía para nosotros con su infalible inspiración. Gracias a dicho Movimiento, se ha redescubierto la espontaneidad de las primeras comunidades cristianas que conocemos por San Pablo y por los Hechos de los Apóstoles, y se han revivido. Los primeros conversos se reunían en comunidades alrededor del Cristo resucitado para escuchar la palabra de Dios en las Escrituras, para celebrar la liturgia, y para ser transformados en Cristo por medio de la Eucaristía. La presencia del Espíritu se manifestaba palpablemente en estas asambleas por medio de los dones carismáticos. El don de lenguas parece haber sido dado para darle ánimo al individuo creyente, por lo cual su uso en servicios para el público se restringió. La interpretación de lenguas, la profecía, la curación, la enseñanza, la administración y otros dones fueron dados para las necesidades espirituales y materiales de las diversas comunidades locales. La labor continua del Espíritu, manifiesta por el desarrollo de la tradición contemplativa cristiana, tiene ahora que ser integrada en el modelo de las escrituras que fue revivido por la Renovación Carismática.

Conozco a un hombre que se unió al Movimiento Carismático, estaba teniendo profundas experiencias espirituales y no sabía de qué se trataba. Su párroco tampoco lo sabía. Este hombre tenía contacto con una monja contemplativa de una comunidad de clausura que le dijo, "No te preocupes, lo que te sucede es típico". Ella le indicó el texto místico apropiado para que lo leyera y continuó instruyéndolo.

El Movimiento Carismático se dirige a las necesidades de los cristianos de hoy en día para brindarles una comunidad de apoyo y una experiencia personal de oración. "El Bautismo en el Espíritu" posiblemente es una gracia mística transitoria que inducen el fervor del grupo y otros factores que desconocemos. El don de lenguas es una forma rudimentaria de la oración más allá de conceptos. Como no sabes lo que estás diciendo, no puedes estar pensando en lo que estás diciendo. Los que están en el Movimiento tienen necesidad de lo que aquel hombre tuvo la fortuna de recibir, es decir, la ayuda e instrucción de alguien que conocía a fondo la tradición contemplativa cristiana. Una vez que has cantado las alabanzas a Dios, compartido oraciones con los demás, hablado en lenguas, y profetizado por unos cuantos años, ¿hacia dónde te diriges? Hay un lugar. Se ha llegado al momento de introducir períodos de silencio, puesto que los miembros del grupo están ahora bien preparados para trasladarse a una expresión más contemplativa de la oración. Si se introdujeran más períodos silenciosos en las reuniones, el Movimiento retendría un mayor número de personas. Diferentes grupos varían de acuerdo a sus raíces y sus recursos teológicos, pero todos tienen necesidad de instrucción espiritual. Algunos carismáticos se oponen a la oración contemplativa porque creen que si no estás pensando, el demonio va a pensar por ti. La realidad es que, si estás orando en silencio interior, el demonio no puede acercarse a ti ni remotamente. Es más factible que le sugiera diversos temas a tu imaginación cuando estás haciendo meditación discursiva. Únicamente cuando estás saliendo del silencio interior y vuelves al mundo de los sentidos y el razonamiento es cuando puede meter su dedo en la masa y agitarla. El Movimiento Carismático tiene un gran potencial. Sin embargo, para llevar a término sus promesas, necesita estar abierto a la tradición contemplativa cristiana.

VIII

LAS FORMAS DE PENSAMIENTOS MÁS SUTILES

El primer tipo de pensamientos que navegan por la corriente consciente cuando se comienza a practicar la oración centrante son las divagaciones sin sentido. Pueden ser cosas que estábamos haciendo antes de empezar la oración; o bien, un sonido del exterior, un recuerdo muy vívido, o un plan para el futuro que atraiga y capte nuestra atención. En el símil que hemos estado usando, estos son como botes que navegan por la corriente de nuestro nivel consciente ordinario. Nuestra reacción normal y habitual sería, "¿Qué es esto? ¿Qué querrá decir?". En lugar de hacer esto, se retorna muy sosegadamente a la palabra sagrada, dejando atrás un pensamiento en particular para dirigirse hacia la atención amorosa a Dios que dicha palabra afirma. Y se deja pasar la barca. Cuando aparezca otra barca, también se deja pasar. Si llega toda una flota mercante, igualmente se deja pasar.

Al comienzo esto puede resultar tedioso porque vas a querer estar en quietud. Poco a poco irás desarrollando la habilidad de que tu atención se divida y te permita darte cuenta de los pensamientos superficiales, y al mismo tiempo darte cuenta de una presencia inconfundible que misteriosamente te atrae. Es una atención más profunda, estás atento a lo espiritual. Te apercibes que esa atención profunda es más importante que estarte interesando en lo superficial. Con el tiempo dejarás de sentir atracción alguna por lo que sucede en la superficie.

El segundo tipo de pensamientos que aparece en la corriente de la conciencia podríamos compararlo con una barca muy llamativa que capta tu atención y te hace desear embarcarte en Él. Si cedes a esa inclinación y te montas en la barca, vas a movilizarte río abajo. En cierta forma te has identificado con el pensamiento. Cuando retornas a la palabra sagrada estás reafirmando tu intención original de abrirte a la presencia divina. La palabra sagrada es el medio para liberarte de la tendencia de adherirte a un pensamiento atractivo. Si te sientes "capturado" o a punto de serlo, de inmediato déjalo ir, pero siempre con un movimiento interior de gran suavidad. Cualquier cosa que pienses sobre cómo resistir un pensamiento, es en sí otro pensamiento. Es más, viene a ser un pensamiento que tiene una carga emotiva, y cuando un pensamiento tiene una carga emotiva impide la disposición básica en que te encuentras para cultivar y esperar el misterio de Su Presencia. Así, pues, deja ir todo pensamiento, y cuando te asalte la tentación de seguir el curso de uno de ellos, regresa a la palabra sagrada. Haz esto con la misma suavidad con que una gota de rocío cae sobre una hoja del césped. Si permites que te altere el ser sacado de las aguas silenciosas que estabas disfrutando, la corriente te llevará río abajo.

Cuando comienzas a sosegarte y a disfrutar de una cierta paz, no sientes deseos de pensar en nada. Sólo quieres estar quieto. Entonces te asalta otro tipo de pensamiento: Podría ser una gran claridad en cuanto a tu jornada espiritual, o un gran descubrimiento psicológico relacionado con tu pasado. O has estado teniendo un problema con un miembro de tu familia, y de repente se te ocurre la forma de resolverlo. O viene a tu mente la mejor manera de convertir a tus amigos. Naturalmente, cuando salgas de la oración, te vas a dar cuenta de que esas ideas tan brillantes fueron bastante ridículas. Te parecieron maravillosas en la oscuridad de las profundas aguas del silencio, pero a la luz del día te das cuenta de que eran cebos para que picaras y te salieras de tu paz y quietud interior.

Luego, es posible que sientas el deseo abrumador de rezar por alguien. Es muy importante rezar por los demás, pero este no es el momento, porque cualquier esfuerzo que hagas en este punto es contraproducente. Esta es la oportunidad para que Dios te hable a ti, y sería como si interrumpieras a alguien que te está confiando un secreto. Tú sabes muy bien qué se siente cuando estás tratando de decirle a un amigo algo importante y a cada rato te interrumpe para comunicarte sus propias ideas. En esta oración estás escuchando a Dios, escuchando su silencio. Tu única actividad es la atención que le ofreces a Dios, bien sea implícitamente al dejar ir todo pensamiento que aparezca, o bien explícitamente al retornar a la palabra sagrada.

Los predicadores y teólogos que tratan de practicar la oración contemplativa tienen un problema muy especial con los pensamientos "buenos". Apenas entran en la quietud, les viene una inspiración brillante, increíble. Un problema teológico que han estado tratando de desenmarañar por muchos años, repentinamente lo ven tan claro como el cristal. La tendencia será pensar, "Debo reflexionar sobre esto un segundo para que no se me vaya a olvidar". Ese es el fin de su silencio interior. Cuando terminen la oración, ni se acordarán de cuál fue esa idea brillante. Cuando uno está en una quietud profunda, es muy susceptible a que el intelecto tenga ideas brillantes, pero la mayoría de las veces son simplemente una ilusión. A nuestra naturaleza humana no le gusta estar delante de Dios con las manos vacías. Si estás progresando en esta oración, serás víctima de los demonios celosos que ven que vas a llegar a algún lado y tratan de ponerte un obstáculo para que tropieces. Con el fin de parar tu progreso, empiezan a balancear, como un pendiente, algún cebo en frente de los ojos de tu imaginación. Al igual que un pececito que nada en aguas profundas, estás disfrutando el sentirte rodeado por Dios por todos lados, cuando ves aparecer el cebo que va bajando a tu espacio lleno de paz. Lo muerdes y vas ¡fuera!

Puede no ser fácil para ti convencerte del valor del silencio interior. Pero si vas a practicar la oración centrante, la única forma de lograrlo es ignorando todo pensamiento. Deja que sea un momento de silencio interior y nada más. Si Dios quiere comunicarte algo en una serie de palabras sucesivas, lo podrá hacer durante las otras veintitrés horas del día. Le va a causar más agrado saber que estuviste dispuesto a oírlo en Su silencio. Recuerda que en esta oración Dios no le está hablando a tus oídos, tus emociones, o tu cabeza, sino a tu espíritu, a tu ser interior más profundo. Ninguno de los elementos humanos está equipado para oír o entender este lenguaje. Es una especie de unción, y los frutos de esa unción aparecerán más tarde en forma indirecta: en tu calma, en tu paz, en tu disposición de entregarte a Dios en todo lo que suceda. Esa es la razón por la cual el silencio interior es mejor que cualquier revelación. También ayuda a allanar el camino, ya que la fe pura es el camino más infalible y derecho hacia Dios. La naturaleza humana quiere recordar experiencias espirituales de cualquier tipo para poder entenderlas o para poder explicarlas a los demás. El acordarse de estas experiencias es bueno hasta cierto punto, siempre teniendo en cuenta que son menos importantes que el silencio interior. No pienses en ellas durante el tiempo de oración. Si tenían un valor genuino, regresarán a ti. Cuanto más grande sea tu silencio interior, tanto más profundamente Dios trabajará contigo sin que te apercibas. La fe pura consiente y se le rinde a la Majestad

Máxima tal como Él es; no como tú te lo imaginas o alguien te ha comentado que es, sino como en realidad es.

El nivel de la fe pura es para Dios el mejor medio de comunicación con nosotros. Es un nivel que no está al alcance de nuestras facultades psíquicas porque es demasiado profundo, y Dios es incomprensible para éstas. No podemos darle un nombre que sea adecuado; no podemos conocerlo con nuestra limitada mente; sólo podemos llegar a conocerlo en nuestro amor por él. Eso es lo que algunos escritores místicos han llamado "lo desconocido". Lo llegamos a conocer cuando ya no lo conocemos en la forma en que lo conocíamos hasta ahora. Las visiones, los éxtasis y las locuciones son como el adorno que lleva un bizcocho. La sustancia del camino está en la fe pura.

Hay un tipo de pensamiento especial que nos asalta cuando la psique ordinaria se encuentra tranquila. Si sabes algo sobre cómo elabora el vino, sabrás que una vez que el nuevo vino se ha separado de la sedimentación, se vierte en un barril y se le agrega una sustancia refinadora. Es un líquido que forma una película muy fina a través del barril y gradualmente se va sumergiendo hasta llegar al fondo en el curso de dos o tres meses, arrastrando consigo todos los cuerpos extraños que el vino pueda contener. Lo que le está sucediendo a tu psique en la oración contemplativa es algo similar. La palabra sagrada es el refinador y el silencio al cual te atrae es el proceso que trae claridad a tu conciencia para luego resonar con valores espirituales e irradiar la presencia de Dios.

Hay una percepción súbita en la oración contemplativa. Es un camino hacia el redescubrimiento de la simpleza de la niñez. Cuando un niño comienza a percatarse de lo que le rodea, se deleita más en el "hecho" de poder ver que en "lo que ve" alrededor suyo. En una ocasión oí la historia de una hija de padres muy adinerados a quien le fascinaba jugar con las joyas de la madre. Cuando la madre no se encontraba en casa y la niñera se distraía y no llegaba a tiempo para impedirlo, le gustaba reunir los diamantes de su madre y tirarlos por la taza del inodoro. Se fascinaba oyendo el chapoteo que hacían aquellos bellísimos diamantes al caer en el agua. Cuando llegó a ser mayor, aprendió a mover la palanca del agua para enjuagar el inodoro y lo hacía a menudo. Todos los que vivían en esa casa se tiraban los pelos desesperadamente, preguntándose cómo harían para curar este terrible hábito que había adquirido la niña. Esta no tenía el más mínimo interés en el valor de las joyas, aunque su madre, por supuesto, sabía que eran valiosísimas. La niña simplemente disfrutaba la experiencia de ese momento, el destello de los relucientes diamantes al caer en el agua. Tenía la libertad y alegría del verdadero desapego.

Al pasar de los años es importante que desarrollemos nuestro juicio analítico, pero sin perder el disfrute de la realidad como es, el valor de "simplemente ser" y de "simplemente actuar". En el Evangelio, Jesús nos invita a que seamos como niños pequeños, que imitemos su inocencia, confianza y contacto directo con la realidad. No nos invita, como es de suponer, a un comportamiento infantil con sus rabietas. Si nuestra escala de valores no nos permite disfrutar algo sin antes ponerle un precio, nos estamos perdiendo una gran parte de lo que es la belleza de la vida. Cuando introducimos esta escala de valores en los dominios de la oración, no podemos disfrutar a Dios, porque tan pronto comenzamos a disfrutarlo, viene la reflexión, "¡Oh, qué bien, estoy disfrutando a Dios!". Y a continuación estamos tomando una fotografía de la experiencia. Cada reflexión es una especie de fotografía de la realidad; no es la experiencia original, sino un comentario sobre la misma. Así como una fotografía es tan solo una aproximación a la realidad, de la misma manera cada reflexión nos detiene un paso antes de la experiencia misma como realmente es. Si tan sólo lográsemos, cuando experimentamos la presencia de Dios, no pensar en ella, podríamos quedarnos descansando en dicha presencia durante un largo rato. Desafortunadamente somos seres hambrientos de cosas espirituales, y nos aferramos a los consuelos espirituales como si de ello dependiesen nuestras vidas. ¡Si tan solo supiéramos que es precisamente esa actitud posesiva la que nos impide disfrutar la simpleza de un deleite infantil en la experiencia!

Durante la oración contemplativa deberíamos restar importancia, hasta donde nos sea posible, a nuestras experiencias psicológicas y dejar que se presenten. Si estás sintiendo paz, fabuloso; no pienses en ello. Continúa en paz y disfrútala sin reflexionar en ella. Cuanto más profunda sea la experiencia que tengas de Dios, tanto menos será lo que puedes decir de ella. Cuando tratas de expresarla en un concepto, estás usando tu memoria, tu imaginación y tu razón ninguna de las cuales está en proporción alguna con la profundidad y proximidad inminente de la unión divina. Lo más sensato aquí es asumir la actitud de un niño; no tienes que hacer nada, sólo descansar en los brazos de Dios. Es un ejercicio de "ser" más que de "hacer". Probablemente podrás llegar a lo que quieres con mayor efectividad y alegría. Gran parte del tiempo estamos funcionando con motores que no tienen aceite o que están oxidados, y nuestra capacidad de "dar" se ha desgastado cuando llega el mediodía. Al recibir el poder del Espíritu por medio de la oración contemplativa, tu capacidad de dar no se agotará en todo el día. Podrás ajustarte a circunstancias difíciles y aprenderás a vivir con situaciones difíciles de manejar.

El tercer grupo de pensamientos es el que te impide, si lo permites, entrar en tu propio espacio profundo. Es esa la razón por la cual debes ignorar un pensamiento, sin importar cuán atractivo aparente ser o cuántos problemas parezca poder resolver. Siempre tendrás tiempo más adelante, en el curso del día para dedicarle tiempo a ideas brillantes, y seguramente será muy fructífero hacerlo. En esta oración estamos cultivando la pureza de la motivación, y la motivación es el todo en la ruta cristiana. Cuando no hay obstáculos dentro de nosotros para recibir la luz, ésta, que brilla siempre, nos iluminará. En tanto que estemos bajo la influencia del "Falso Yo" y sus viajes egocéntricos, es como si tuviésemos las cortinas cerradas y no pudiera entrar la luz. Desafortunadamente, este "falso yo" no se declara vencido cuando se lo pedimos. No podemos ordenarle, "Bien, ¡se acabó!", y esperar que desaparezca. Es extremadamente sutil. Sin la ayuda de Dios, no podríamos jamás liberarnos de él, es más, las pruebas que siempre encontramos en el camino, sin ese soporte, nos aplastarían.

La actitud que más refuerza al "falso yo" es nuestro instinto de posesión, que se extiende a nuestros propios pensamientos y sentimientos. Este instinto tiene que disminuir. Como he mencionado, la mayoría de nosotros estamos hambrientos por una experiencia espiritual, y cuando ésta llega, todo nuestro ser la desea, siendo esa la razón por la cual, al comienzo, no podemos sustraernos a ese deseo. A medida que aprendemos por amarga experiencia que este querer alcanzar la experiencia espiritual nos saca de lo profundo y nos lleva a la orilla, nos damos cuenta de que este no es el modo correcto de hacerlo. Si podemos desapegarnos de nuestra actitud de aferramiento hacia esta paz interior, nos moveremos hacia una alegría refinada y una liberación interior que ya no va a preocuparse tanto de una experiencia espiritual. Podemos recibir todo tipo de consuelos divinos siempre y cuando no tratemos de posesionarnos de ellos. Tan pronto lo hagamos, se desvanecen. Debemos aceptar a Dios tal como es, sin tratar de apoderarnos de Él. Lo que sea que experimentemos de Él debe dejarse pasar al igual que cualquier otro pensamiento que venga deslizándose por la corriente de nuestra conciencia. Una vez que nos convencemos de que nuestro destino está más allá de cualquier experiencia espiritual, aceptamos que es inútil aferrarse a algo a lo largo del camino. Un oasis es muy refrescante, pero no es el propósito de un viaje. Si seguimos andando, así tropecemos o nos caigamos, llegaremos finalmente a la libertad interior que es el fruto maduro de la docilidad que trae el Espíritu.

Ese tercer tipo de pensamiento ocurre cuando entramos en silencio profundo, y la inclinación de aprehender ideas brillantes que aparezcan nos seduce y salimos de la quieta profundidad. La palabra sagrada no es un mantra propiamente dicho; no la repetimos constantemente hasta que taladre nuestro subconsciente; es más bien una condición, una atmósfera que establecemos y que nos permite rendirnos completamente a la fuerza atractiva de la divina Presencia dentro de nosotros. Un consuelo espiritual es una irradiación de esa Presencia, pero no es en sí la Presencia misma. La Biblia nos enseña que no podemos ver a Dios en esta vida y continuar viviendo; conocerlo de forma directa es de lo que disfrutaremos en la próxima vida. La manera más aproximada de llegarlo a conocer es en medio de la fe pura, que va más allá de pensar, sentir, y reflexionar. Esta fe pura se experimenta mucho mejor cuando no se ha tenido ninguna experiencia psicológica de Dios. Dios está más allá de experiencias sensoriales o conceptuales, y el estado de fe pura, más allá de cualquier cosa que podamos imaginar. Simplemente miramos a nuestro derredor y nos damos cuenta de que la Presencia divina está en todo. Simplemente "es". Nos hemos abierto suficientemente para "saber" lo que es, aún sin poder "decir" lo que es.

El cuarto grupo de pensamientos también ocurre cuando nos hallamos en lo más profundo de una paz general, habiendo vaciado todo pensamiento e imagen. Una misteriosa plenitud, una especie de oscuridad luminosa, parece rodearnos y penetrar nuestra conciencia. Disfrutamos la calma profunda a pesar de estar medio conscientes de que fluyen pensamientos indeseables. Nos molestan de manera especial porque sabemos que si uno de ellos capta nuestra atención, saldremos disparados de dicha paz. Ni siquiera queremos retornar a la palabra sagrada. Lo único que deseamos es sentirnos bañados en la luz y el amor que parecen estar ungiendo lo más íntimo de nuestro ser con tanta ternura. Es como si Dios hubiera depositado un gran beso en medio de nuestro espíritu y que todas las heridas, dudas, y sentimientos de culpabilidad hubiesen sido sanados en un mismo instante. La experiencia de sentirse amado por Dios hace que se desvanezcan todos los temores. Nos convencemos de que todos los errores que hemos cometido y todos los pecados en que hemos caído han sido completamente perdonados y olvidados.

Entre tanto, y metiéndose en ese silencio, en ese estado de no pensar, no reflexionar, y disfrutar de una paz inefable, se cuela el pensamiento: "¡Por fin estoy llegando a algún lado!", o, "¡Esta paz es algo maravilloso!", o bien, "Si tan solo pudiera tomarme un segundo para recordar cómo llegué a este espacio para poder retornar a él mañana sin demoras", Sales como un rayo, y aterrizas en la orilla. Entonces te preguntas, "¡Dios mío!, ¿qué hice mal?".

¿De qué manera dejas que Dios actúe en esta oración?

Es difícil dejar actuar a Dios en todas las circunstancias. El desapegarse y no reflexionar en lo que estás haciendo es la forma correcta de conducirte durante esta oración. El método no consiste en cómo te sientas o en el tiempo que le dediques, sino en la forma en que manejes los pensamientos que surjan. Creo que podría decirse que el punto esencial de todas las grandes disciplinas espirituales que las grandes religiones del mundo han desarrollado es el de dejar ir los pensamientos. Todo lo demás es secundario. La meta es que se logre integrar y unificar los diversos niveles de su propio ser y entregarle ese ser integrado y unificado a Dios.

¿En algún momento de la oración contemplativa te das cuenta de la presencia de Dios, o es sólo después de saber que Dios estaba allí? ¿Y cómo es posible darse cuenta de algo y no tener una reflexión sobre ello?

Uno puede estar consciente de la presencia inconfundible de Dios y no entrar en una reflexión específica sobre ésta. Esta forma de percepción pura se debe a la proximidad inmediata de la experiencia. Por nuestro entrenamiento y educación estamos programados y educados para reflexionar. Pero se puede estar completamente absorto en una experiencia que no reflexiona. ¿Alguna vez has disfrutado algo hasta tal extremo que no te dio tiempo para pensar en lo que estabas disfrutando?

Sí, pero supongo que sentiría el gozo.

Por supuesto, pero no pienses en lo que sientes. Si lo haces, estás reduciendo la experiencia a algo que tu intelecto pueda entender, y a Dios no lo puedes entender. La percepción de Dios está saturada de una mezcla de asombro, reverencia, amor y deleite.

Hemos sido creados para ser felices y no tiene nada de malo tratar de serlo. Desafortunadamente la mayoría de nosotros hemos sido privados de felicidad a tal extremo que cuando aparece, nos esforzamos en apoderarnos de ella como si nuestra vida dependiera de ello. Allí está el error. La mejor manera de poderlo recibir es regalándolo. Si le devuelves todo a Dios, siempre estarás vacío, y habrá más espacio para Dios.

La experiencia de Dios por lo general se presenta como algo que te parece haber experimentado anteriormente. Dios está tan perfectamente adaptado a nosotros que cualquier experiencia Suya produce una sensación de plenitud y bienestar. Es como si lo que nos hacía falta fuera restaurado en forma misteriosa. Es una experiencia que despierta en nosotros confianza, paz, gozo y reverencia, todo junto. Como es natural, inmediatamente nos viene la pregunta: "¡Esto es fabuloso! ¿Cómo hago para conservarlo?". Es la reacción humana natural. Pero la experiencia nos enseña que eso es lo peor que se puede hacer. Esa tendencia innata de retener y de poseer es el obstáculo más grande en la unión con Dios. La razón por la cual somos posesivos es porque nos sentimos separados de Dios. Esa sensación de separación es nuestra experiencia psicológica ordinaria en nuestra condición humana. Esta aprehensión equivocada es la causa de que busquemos en todos los senderos imaginables a ver si lo encontramos cuando está debajo de nuestras narices. Lo que sucede es que no sabemos cómo percibirlo. Como está faltando la seguridad que sólo la proporciona el estar unido a Dios, nos empeñamos en alcanzar aquellos símbolos de posesiones o poder que podamos y que van a reforzar la frágil imagen que tenemos de nosotros mismos. Cuando retornamos a Dios, volvemos sobre esa ruta y dejamos ir todo lo que deseamos poseer. Como no hay nada más deseable y que nos deleite más que la sensación de que Dios está presente, ese será otro pensamiento que también deberemos estar dispuestos a dejar ir.

Tratar de aferrarse a la presencia de Dios es como tratar de agarrar el aire, que no puedes cortar un pedazo y guardarlo en un cajón de tu mesa de trabajo. De la misma manera, no podrás cortar un trozo de la presencia de Dios y esconderla en el armario o guardarlo en la nevera hasta el próximo período de oración. Esta oración es un ejercicio para dejar ir todo. A base de practicarla, te ayudará a dejar ir cosas y eventos que aparecen, aparte del tiempo de oración. Con eso no se quiere implicar que no se usen las cosas buenas en este mundo, sino que se refiere a las adicciones o cosas a las cuales nos aferramos y que reducen el flujo libre de la gracia de Dios y nos impiden disfrutar de Su Presencia.

¿Continuarán asaltándonos los pensamientos todo el tiempo? Siento que puedo mantener la sensación de paz por un lapso de tiempo, pero luego me arrollan de nuevo los pensamientos. ¿Es así como sucederá siempre?

Entrar y salir de esa paz es normal en cada período de oración, pero podrán presentarse ocasiones en que se disfrute de paz uniformemente todo el tiempo. Si esto sucede, descubrirás que la próxima vez que ores, te asaltarán lo que los pilotos de avión llaman "turbulencias", en este caso pensamientos que te causarán bastante desasosiego y movimiento interior persistente. Esto no es un desastre, sino algo que tenemos que aprender a aceptar. El alternar de paz y de pensamientos es una parte importante del proceso completo. Podría decirse que son las dos caras de una misma moneda.

Recuerden, por favor, que la oración centrante es tan sólo una forma de orar y que no excluye otras formas de orar a otra hora. Tomemos el ejemplo de la escalera de Jacob en el Antiguo Testamento. Después de haber tenido una visión de Dios, durante la cual se pasó toda la noche luchando con el ángel del Señor, Jacob se quedó dormido. Vio entonces una escalera que ascendía desde la tierra hasta el cielo, por la cual los ángeles subían y bajaban. La escalera representa los diferentes niveles de nuestra fe consciente. Debemos comunicarnos con Dios en todos los niveles de nuestro ser, con nuestros labios, nuestros cuerpos, nuestra imaginación, nuestras emociones, nuestras mentes, nuestras facultades intuitivas, y nuestro silencio. La oración centrante es tan sólo un escalón en esa escalera. Es la manera de brindarle a Dios la oportunidad de hablarnos. Aun cuando nuestras charlas espontáneas con Dios son buenas, existe un nivel que es aún mejor. Al igual que en las relaciones humanas, existe un nivel que es el de conversar. Pero a medida que la amistad se vuelve más íntima, se desarrolla el nivel de comunión de almas, en donde las dos personas se pueden sentar una al lado de la otra sin decir nada. ¿Acaso quiere decir que no están disfrutando plenamente de compartir su relación, sólo porque no están hablando? Obviamente hay diferentes formas y diferentes niveles de expresar una relación, tanto con otra persona como con Dios. Claramente Dios trata a cada uno de nosotros de forma personal. Esta oración le agrega una dimensión a nuestra relación con Dios que es más íntima que los otros niveles. La oración vocal no es que sea inadecuada, sino que no es la única forma ni la más profunda, de orar.

¿Es posible que la persona que practique la oración contemplativa por largos períodos de tiempo cada día desarrolle algún tipo de enfermedad?

Si dispusieras de mucho tiempo para orar y estuvieras atravesando una época que fuera particularmente consoladora, la oración podría llegarte a producir tanto deleite que te sentirías inclinado a prolongarla lo más posible. Pero recuerda, el ser consolado no es el objetivo de la oración contemplativa. Santa Teresa de Ávila se burlaba de algunas monjas de su comunidad que practicaban la oración contemplativa tanto que enfermaban. Lo que probablemente sucedía era que por permanecer en silencio interior durante siete u ocho días, o más, sus sentidos se sustraían de tal manera de las ocupaciones ordinarias que las llevaba a experimentar lo que hoy día llamamos privación sensorial. Cuando permanecemos durante mucho tiempo en total silencio, se ralentiza el metabolismo, lo cual hace que el flujo de sangre al cerebro también disminuya. Eso es lo indicado en un retiro, cuya duración es por un tiempo limitado, pero si continúas con esto, día tras día, por mucho tiempo, puedes llegarte a enajenar de la realidad. Si vas a observar esta práctica durante más de una semana, necesitas supervisión. Todo en la vida hay que hacerlo con cordura. Por lo general todo el mundo mantiene una discreción exagerada para no perjudicar su salud corporal, pero hay algunos que abusan y alguien debe controlarlos.

¿Tiene algún valor prolongar el tiempo dedicado a la oración contemplativa?

Cuando se hace esta oración más de dos veces al día, se puede apresurar el proceso de autoconocimiento, lo cual te puede revelar cosas de tu pasado que anteriormente no habías confrontado ni desenmascarado. Es una característica de la condición humana el no querer reconocer sus propios resabios y manías. Desde este punto de vista el progreso en la oración contemplativa es un proceso de liberación de todo lo que nos impide ser completamente honestos para con nosotros mismos. Cuanto más sea la confianza que depositas en Dios, tanto más te puedes enfrentar con la verdad con respecto a ti mismo. Sólo en la presencia de un ser querido puedes hacerle frente a tu auténtico ser. Si tienes tu confianza puesta en

Dios, sabes muy bien que no importa lo que hayas hecho o dejado de hacer, él te va a seguir amando. Es más, Dios siempre supo que tu carácter tenía un lado oscuro, y ahora te está permitiendo compartir el secreto como lo hacen dos amigos en una confidencia. Los descubrimientos de auto-conocimiento, en lugar de alterarte, te hacen sentir liberado. Te llevan al punto donde puedes preguntarte, "¿Para qué pensar en mí?". Es entonces cuando puedes ponerte a pensar cuán maravilloso es Dios y no te importa lo que pueda sucederte a ti.

Parece una paradoja que en cierto momento de la oración te apercibes de que no estás pensando en nada. ¿Qué hay que hacer entonces?

Si verdaderamente no estás pensando, entonces no puede existir el pensamiento de que no estás pensando. Sólo está presente esa conciencia pura que es la meta inmediata de la oración contemplativa. La meta final, por supuesto, es integrar todos los aspectos de tu ser, el activo y el pasivo, el masculino y el femenino, el expresivo y el receptivo. Si comienzas a percatarte del hecho de que no estás pensando en nada y logras no quedarte pensando en ese pensamiento, estás bien. Te encuentras a un sólo paso de la unión divina. Claro está que eventualmente serás lanzado fuera de ese delicioso silencio y tu mente comenzará de nuevo a divagar. Tan pronto te des cuenta de que estás saliendo del silencio interior, regresa a la Presencia de la forma más suave posible. El pensar en no tener un pensamiento es el último vestigio de autorreflexión. Si puedes trascender la autorreflexión, permítele a tu mente que se olvide de sí misma, y deja pasar la compulsión de anotar dónde te encuentras, y esto te llevará a una paz y libertad más profundas. Muy dentro de nosotros llevamos impregnada la noción de que si dejamos de reflexionar sobre nosotros mismos, nos vamos a desintegrar o algo parecido. Eso es falso. Si logramos dejar de reflexionar sobre nosotros mismos, llegaremos a disfrutar de una paz perfecta.

Sé bien cuándo usar la palabra sagrada, pero no sé cuándo no usarla.

Hay un estado en donde no se piensa, y allí es adonde queremos ir. Es algo elusivo por nuestra tendencia indomable a reflexionar. Esta tendencia innata de estar consciente de uno mismo es el último fortín de la autonomía. San Antonio de Egipto se hizo famoso por su dicho: "La oración perfecta es no saber que estás orando". Lo que yo acabo de describir es ese estado mental al que se refiere Antonio. En la oración perfecta, es el Espíritu Santo el que ora en ti. La entrega incondicional del "Falso Yo" a Dios es la muerte del mismo. Esta es la experiencia que Jesús trató de explicarle a Nicodemo cuando le dijo, "Tienes que volver a nacer". (Jn 3, 3) Uno tiene que morir para poder nacer de nuevo. La respuesta de Nicodemo fue, "Cómo puede alguien regresar al vientre materno?", y Jesús concluyó, "Tú no entiendes de lo que te estoy hablando. Yo me refiero al Espíritu y estoy hablando en términos espirituales. El viento sopla cuando quiere, y tú no sabes de dónde viene ni adónde va. Así sucede con todo el que nace del Espíritu". En otras palabras, el ser dirigido por el Espíritu es una forma totalmente nueva de existir en el mundo.

He estado practicando la oración centrante durante más de un año, pero me he asido a la palabra sagrada como el que se está ahogando y se agarra a un neumático flotante. En uno de los períodos de oración en el día de hoy, me pareció que el neumático me estaba estorbando y me deshice de él. Me parece que di un paso adelante.

Definitivamente. Deshazte de tu salvavidas. Estaba preservando la existencia equivocada. El "Falso Yo" debe morir si has de nacer de nuevo y vivir en el Espíritu.

Al avanzar en la oración, ¿necesitaré más dirección espiritual?

Hay ocasiones en que la dirección espiritual puede ser de gran ayuda por dar aliento y apoyo. En la oración contemplativa, de vez en cuando, te verás atrapado por un temporal. Al penetrar más a fondo en el subconsciente por medio del silencio interior, es posible que tropieces con algo parecido a un pozo de petróleo y saldrá disparado un chorro de sustancia desconocida. Los períodos de turbulencia pueden prolongarse a veces durante meses y hasta durante años. Estos son los que San Juan de la Cruz llamó "las noches oscuras" En esos momentos, uno necesita a alguien que lo reanime. A algunos estos tiempos les resultan más insoportables que a otros, y necesitarán apoyo moral, para lo cual un director espiritual puede ser de gran ayuda. Pero, ¡ojo!, un director espiritual que no haya experimentado este tipo de oración, puede causar más daño que provecho.

A veces lo único que tienes que hacer es esperar pacientemente y no descorazonarte. Cuando se seque tu pozo de petróleo, te moverás a una profundidad mayor. Una buena comparación sería la de un ascensor que se queda estancado entre dos pisos. Tienes que esperar pacientemente hasta que de alguna manera quede eliminado el obstáculo que haya causado el problema.

El director espiritual debería ser una persona que tenga suficiente experiencia como para darse cuenta, con un cierto grado de certeza, en qué trecho de tu camino espiritual te encuentras. El director por lo general puede discernir esto al observar la clase de vida que esas personas están viviendo. Si de forma obvia están buscando a Dios pero tienen problemas que les hacen pensar que son los peores pecadores que jamás existieron, el director tiene que tener suficiente conocimiento como para decir, "¡Olvídate! ¡Eres la persona más afortunada del mundo!". Cuando estás en la noche oscura de tu purificación, eres el peor juez de tu propio caso. Una de las pruebas que puedes esperar es encontrar a alguien que te pueda ayudar. Y puede ser Dios mismo quien lo dispone así, para obligarte a que pongas toda tu confianza en él.

IX

LA DESCARGA ORIGINADA POR EL SUBCONSCIENTE

Hay un quinto tipo de pensamiento: el que se origina cuando a través de la práctica regular de la oración contemplativa se pone en movimiento la dinámica de la purificación interior. Esta dinámica es una especie de psicoterapia divina, diseñada orgánicamente para cada persona, para vaciar lo inconsciente y liberarnos de los obstáculos que impiden el libre flujo de la gracia santificante en nuestros cuerpos, emociones y mentes.

Parece estar aumentando la evidencia empírica de las consecuencias de aquellas experiencias de nuestra más tierna infancia que hayan sido emotivas y traumatizantes; y que están almacenadas en nuestros cuerpos y se manifiestan en forma de tensión, ansiedad y variados mecanismos de defensa. No es posible deshacerse de ellos por medio del descanso y del sueño normales, pero en el silencio interior y el profundo descanso que éste trae a todo el organismo, estos bloques emocionales comienzan a ablandarse, y entonces el organismo humano, con su capacidad natural de deshacerse de lo que le esté haciendo daño, comienza a evacuarlos. Tanto la psique como el cuerpo saben evacuar todo lo dañino. La basura emotiva que está sepultada en nuestro subconsciente surge durante la oración en forma de pensamientos que llevan en sí cierta urgencia, energía y carga emocional. Generalmente no sabes de dónde provienen; sólo reconocerás una infinidad de pensamientos y una sensación vaga, o aguda, que te produce incomodidad. Simplemente se aceptan y no se pelea; es la mejor forma de deshacerse de ellos.

A medida que la profunda paz que fluye de la oración contemplativa diluye nuestros bloques emocionales, surgen y se multiplican aspectos muy reveladoras sobre la parte oscura de nuestra personalidad. Nos deleitamos imaginándonos que hacemos el bien a nuestros familiares, amigos y compañeros profesionales o de oficina por la más noble de las razones, pero cuando el dinamismo de que hablábamos comienza a funcionar dentro de nosotros, nuestra supuesta intención bondadosa empieza a parecerse a una pila de ropa sucia. Nos damos cuenta de que no somos tan generosos como creíamos. Esto sucede porque la luz divina alumbra brillantemente nuestros corazones. El amor divino, por su misma naturaleza, nos va a echar en cara nuestro egoísmo innato.

Supongamos que nos encontramos en la penumbra de una habitación con poca luz. Parece que todo está limpio. Encendemos entonces cien bombillas de mil vatios cada una, y examinamos todo con una lupa. La habitación entera parecerá ponerse en movimiento con un sinnúmero de insectos y animalitos fantásticos que antes no veíamos. Sería difícil permanecer allí. Así sucede con nuestro interior. Cuando Dios sube el voltaje, nuestra motivación empieza a asumir un carácter totalmente diferente, y Le pediremos con gran sinceridad que tenga piedad de nosotros y que nos perdone. Es por esa razón que es tan importante depositar toda nuestra confianza en Dios; si no la tenemos, es muy posible que salgamos corriendo o digamos, "Tiene que existir una manera mejor que ésta de llegar a Dios".

El autoconocimiento, según la tradición ascética cristiana, es el enfoque interior de nuestra motivación oculta, de las necesidades emotivas y de las exigencias que están reverberando dentro de nosotros e influenciando nuestra forma de pensar, sentir y actuar sin que ni siquiera nos demos cuenta. Les voy a dar un ejemplo: cuando yo era el abad, figura que representa la imagen paterna en un monasterio, me llamó la atención el hecho de que algunos de los monjes más jóvenes me trataban inconscientemente como si realmente fuese su padre. Pude ver claramente que estaban tratando de resolver problemas emotivos con figuras de autoridad de su primera infancia. Su relación conmigo no era conmigo. Cuando te sustraes día tras día a tu flujo ordinario de pensamientos superficiales, vas a tener una perspectiva más clara de tu motivación, y vas a comenzar a ver que las escalas de valores por las cuales has vivido están basadas en actitudes preracionales que nunca has confrontado en su totalidad y con toda sinceridad. Todos tenemos tendencias neuróticas. Cuando practicas la oración contemplativa con regularidad, tus recursos naturales para obtener salud psíquica empiezan a revivir y ves claramente la falsa escala de valores que está echando a perder tu vida. Los programas emocionales de tu primera niñez que estaban sepultados a nivel inconsciente, comienzan a aparecer con gran agudeza y claridad en el nivel consciente.

Si existen en tu psique obstáculos para abrirte a Dios, el amor divino comienza a mostrártelos. A medida que desaparecen, te hallarás cada vez más en la presencia de Dios y la disfrutarás. De hecho el dinamismo interior de la oración contemplativa te conduce a la transformación de toda tu personalidad. Su propósito no se limita a mejorar tu moralidad. Lo que trae consigo es un cambio en tu manera de percibir y responder a la realidad, un proceso que requiere un cambio en la estructura de tu conciencia.

A medida que vas experimentando la tranquilidad que nace de la paz interior, va aumentando tu valor para enfrentarte con la parte oscura de tu personalidad y para aceptarte tal como eres. Así como el ser humano tiene el increíble potencial de llegar a ser divino, así también debe reconocer la evolución histórica de su naturaleza cuyo punto de partida se basó en formas inferiores de conciencia. Existe una tendencia de crecimiento en el ser humano para hallar más vida, más felicidad, más unión con Dios; pero también lleva en sí tendencias de autodestrucción que quieren regresar al comportamiento inconsciente e instintivo de la bestia. Aun cuando sabemos muy bien que esa regresión no nos va a proporcionar felicidad, ese aspecto de nuestra personalidad está siempre asechándonos. El Arzobispo Fulton Sheen tenía un dicho, "El barbarismo no es que se haya quedado atrás sino debajo de nosotros". En otras palabras, la violencia y otros impulsos instintivos, son semillas malas que si no se subyugan, pueden desarrollarse y convertirse en todo tipo de maldad.

Tenemos que reconciliarnos con estas tendencias para que la plenitud de la gracia pueda fluir a través de nosotros. La oración contemplativa fomenta la curación de nuestras heridas. En el psicoanálisis el paciente revive experiencias traumáticas de su pasado, y al hacerlo, las integra en un patrón de vida saneado. Si continúas fielmente con la práctica de la oración contemplativa, estas heridas psíquicas sanarán sin volverte a traumatizar. Después de haber estado practicando la oración durante algunos meses, es casi seguro que vas a experimentar el surgimiento de ciertos pensamientos muy fuertes y con una gran carga emocional. Normalmente estos nos revelan alguna experiencia traumática en tus primeros años o algún problema sin resolver en tu vida presente. Simplemente surgen como pensamientos poderosos o que te hacen sentir deprimido por un tiempo. Estos pensamientos tienen un gran valor desde la perspectiva del crecimiento humano, aun cuando puedan causarte desasosiego durante todo el tiempo en que estés en oración.

Cuando la descarga del inconsciente comienza en serio, muchos sienten como que están dando marcha atrás, que la oración contemplativa es algo imposible para ellos porque todo lo que experimentan cuando empiezan a orar es una serie interminable de distracciones. Pero en realidad, no existen distracciones en la oración centrante a menos que tú resuelvas dejarte distraer o te levantes y no sigas orando. Por lo tanto, no importa cuántos pensamientos te asalten. El número y la calidad de los mismos no tiene efecto alguno en la sinceridad de tu oración. Si tú estuvieras orando a nivel del intelecto, es decir, pensando lo que dices, todo aquello que sea ajeno a tus reflexiones sería sin duda una distracción. Pero recuerda que la oración contemplativa no es una oración a nivel intelectual, sino que es tu voluntad consintiendo a la presencia de Dios en un acto de fe pura.

Normalmente el pensamiento expulsa trozos de basura emocional a través de pensamientos con carga emocional. Así, sin tú ni siquiera darte cuenta, muchos conflictos emocionales que están sepultados en el inconsciente, afectando tus decisiones más de lo que puedes imaginarte, están siendo resueltos. A consecuencia de dicho proceso, con el tiempo te irá invadiendo una sensación de bienestar y liberación interior. Aquellos mismos pensamientos de los cuales te lamentas mientras estás en oración son precisamente los que están liberando la psique del daño que se ha acumulado durante toda tu vida. Repito, en esta oración los pensamientos y el silencio van unidos y juegan un papel muy importante.

Comparemos lo anterior con un ejemplo un poco inadecuado pero que ayudará a entender el proceso. En una vivienda en donde no se puede siempre contar con que recojan la basura, algunos inquilinos usan el cuarto de baño para almacenarla. Cuando vas a darte un baño, lo primero que tienes que hacer es sacar la basura. Algo similar sucede en esta oración. Cuando adquirimos el compromiso de emprender el camino espiritual, lo primero que el Espíritu Santo hace es sacar de en medio la basura emocional que llevamos almacenada dentro de nosotros, porque desea llenarnos completamente y transformar la totalidad de nuestro organismo corporal y espiritual y que sea un instrumento flexible de amor divino. Pero mientras existan obstáculos dentro de nosotros, algunos de los cuales desconocemos, no nos puede llenar completamente. Así es como comienza la limpieza de la bañera. Una forma en que hace esto es por medio de la purificación pasiva que inicia la dinámica de la oración contemplativa.

En cierta forma, cuando practicamos la oración centrante, que nos pone totalmente a la disposición de Dios, le estamos pidiendo que tome en sus propias manos nuestra purificación. Requiere mucho valor el estar dispuesto a enfrentarse con el proceso de autoconocimiento, pero es la única forma de ponernos en contacto con nuestra verdadera identidad y por último con el auténtico Yo. Aun cuando sientas tedio, desasosiego, y que cualquier cosa sería mejor que estar sentado allí para que los pensamientos vengan y te ataquen, ignora esas ideas y quédate quieto. Piensa que es como estar en la calle sin paraguas cuando cae un aguacero y te estás empapando. No te servirá de nada quejarte porque no trajiste el paraguas. Lo mejor que puedes hacer es simplemente estar dispuesto a sufrir el torrencial aguacero de tus pensamientos. Piensa que te vas a empapar y disfruta de la lluvia. Antes de reflexionar si un período de oración es bueno, lo es. Después de la reflexión, ya no es tan bueno. Si te inundan los pensamientos y no puedes hacer nada para remediarlo, resígnate al hecho de que así es como va a ser hoy. Cuanto menos te resistas y grites, tanto más será lo que se logre. En unos cuantos días, o tal vez mañana, mejorará. La capacidad de aceptar todo lo que se deslice por la corriente del consciente es una parte esencial de la disciplina de esta oración. Cultiva una actitud neutral hacia el contenido psicológico de la misma, y verás que entonces no te molestarán los pensamientos. Ofrécele a Dios tu impotencia y espera pacientemente en Su presencia. Todos los pensamientos desaparecerán si esperas lo suficiente.

Otro punto que merece ser recordado: algunas veces, durante el proceso de descarga, se siente el deseo de averiguar de qué parte de tu psique procede esa sonrisa, picazón, dolor, o fuerte emoción y de establecer si viene de un período anterior de la vida. Es inútil. La naturaleza del proceso de descarga es que no enfoca ningún evento en particular. Ablanda todo lo que podría llamarse basura, y el desecho psicológico sale a relucir como una especie de abono. Cuando uno tira la basura, no separa las cáscaras de huevo de las cáscaras de naranja, sino que se tira todo junto. Nadie está pidiendo que se revise a fondo o se evalúe. Simplemente se pone en una bolsa de basura y se desecha.

Puede suceder también que se presenten dificultades externas en tu vida que estén directamente conectadas con tu crecimiento espiritual. Son otro medio que usa Dios para que llegues a conocer mejor a tu familia, a tus amistades, a ti mismo y a todos los demás.

Creo que he estado usando la palabra en la oración para resistir los pensamientos. No creo haber entendido lo que significa sumergirse en una emoción perturbadora sin aferrarse a la misma.

Una forma de ocuparse de un intenso desasosiego, un dolor físico, una emoción de miedo o ansiedad, que puedan surgir durante la descarga emocional, es reposar en esa sensación dolorosa por uno o dos minutos y permitir que el dolor mismo sirva de palabra sagrada en la oración. En otras palabras, una de las formas mejores y más sencillas de dejar ir una emoción es: sintiéndola. Emociones penosas, y algunos dolores físicos, tienden a disiparse cuando se les acepta plenamente. Otras manifestaciones de una experiencia relajante pueden ser una picazón, lágrimas, o risa. Algunas personas han soltado una carcajada en medio de la oración centrante. A lo mejor habían oído un chiste en el pasado que no habían podido disfrutar por el bloqueo de algún mecanismo de defensa, y que finalmente, a base de su humildad y su liberación interior, entienden. También puede venir un ataque de llanto sin saber a qué se debe. Una vieja pena que nunca pudo expresarse a su debido tiempo, finalmente se siente plenamente. La oración contemplativa tiene una manera muy peculiar de terminar todos los asuntos pendientes de tu vida pasada al permitirle a tus emociones expresarse como diversos estados de ánimo o como pensamientos. Esta es la dinámica de la purificación. La intensidad de tu miedo, ansiedad o enojo puede que no tengan relación alguna con tu reciente experiencia, y el quedarse quieto y soportarlo todo pacientemente es mucho más provechoso que las experiencias consoladoras. El propósito de la oración centrante "no" es sentir paz, sino la evacuación de los obstáculos inconscientes al estado permanente que reina cuando hay unión con Dios. No es la "oración" contemplativa lo que se persigue con esta práctica, sino el "estado" contemplativo; tampoco lo son las experiencias, por más exóticas y reafirmantes que sean, sino la conciencia permanente de Dios y la noción de Su presencia que resultan de la misteriosa reestructuración del consciente. En algún momento de la vida, y esto podría ocurrir en medio de la noche, en el metro, en medio de la oración, los cambios que eran necesarios en tu psique o en tu sistema nervioso llegan a completarse. Esa etapa en particular del camino espiritual se resuelve sola, y ya no se presentarán los mismos problemas que tenías antes. Esa reestructuración del consciente es el fruto de la práctica regular. Y por esa razón no tiene sentido tratar de dirigir la atención hacia ciertas experiencias. Tú ni siquiera puedes imaginarte un estado consciente que no has experimentado nunca, por eso es una pérdida de tiempo y de energía el tratar de imaginarlo. La práctica, eventualmente, traerá consigo un cambio en la conciencia. El suceso más importante de esta etapa del camino es el aquietamiento del sistema afectivo. Te liberas de los altibajos en tus estados de ánimo, puesto que el "Falso Yo" en que se basaban finalmente ha sido desmantelado. Es entonces cuando las emociones pueden surgir en toda su pureza y sin alterarte. Esto es un alivio maravilloso de los torbellinos internos.

Cuando te sientas inquieto, agitado o afligido por alguna experiencia emocional, no existe forma mejor de emplear tu tiempo que esperando. La tentación de empujarla y apartarla de ti es enorme cuando estás padeciendo bajo una emoción que te tiene alterado. Y sin embargo, al dirigir tu atención muy suavemente hacia esa emoción y hundirte en ella como si fuera un buen "jacuzzi" estás abrazando a Dios en medio de tu sentimiento. No pienses en nada; sólo siente la emoción.

Si uno hubiese sido ciego y recobrara la vista, aún las cosas más horribles serían apreciadas. Así mismo, en el supuesto caso de que no se hayan tenido emociones, aún la emoción más desagradable que se presentara sería bienvenida. La realidad es que no hay emociones desagradables, sino que es el "Falso Yo" el que las interpreta como tales. Los altibajos emotivos gradualmente se van disolviendo por medio de la total aceptación de éstos. Para poder poner esto en práctica, primero hay que reconocer la emoción e identificarse con ella, diciendo: "Sí, estoy experimentando enojo, pánico, terror, no tengo paz". Todo sentimiento tiene su lado bueno. Como Dios es la fuente original de todo, sabemos que aún en el sentimiento de culpabilidad, se encuentra Dios en cierto sentido. Si puedes abrazar el sentimiento negativo, cualquiera que éste sea, como si fuera Dios, te estás uniendo a Dios, porque todo lo que tiene algo de real en sí, tiene su fundamento en Dios. El "dejar ir" o "dejar pasar" no es sólo una terminología, es algo muy sutil y de muchos matices, dependiendo de qué se esté tratando de dejar ir. Cuando un pensamiento no te altera, dejarlo pasar significa no prestarle atención; cuando sí te altera, no va a desaparecer tan fácilmente, en cuyo caso tienes que "desligarte" de él de otra manera. Una manera es meterte en él e identificarte con él, por amor a Dios. Esto puede ser imposible al principio, pero debe tratarse a ver qué sucede. La disciplina principal de la oración contemplativa es la de dejar pasar todo.

Para resumir todo lo que he dicho con respecto a este quinto tipo de pensamientos diré que la oración contemplativa es parte de una realidad mucho más grande; es parte de un proceso completo de integración que requiere abrirse a Dios a nivel inconsciente. Esto permite que se inicie una dinámica que a veces trae paz, y otras veces está cargada de pensamientos y emociones. Ambas experiencias son parte del mismo proceso de integración y curación. Por consiguiente, cada tipo de experiencia debe aceptarse con la misma paz, gratitud, y confianza en Dios. Ambas son indispensables para completar el proceso de transformación.

Si te aflige un tropel de pensamientos que vienen del subconsciente, no es necesario que estés articulando la palabra sagrada claramente en tu imaginación, o que estés repitiéndola en un esfuerzo frenético de estabilizar tu mente. Deberías considerarla en tu mente como si se tratara de uno de esos pensamientos que aparecen espontáneamente.

No te resistas a ningún pensamiento, no retengas ningún pensamiento, no reacciones con emoción a ningún pensamiento. Esa es la respuesta adecuada a cualquiera de los cinco tipos de pensamiento que aparecen a nivel consciente.

> *Cuando salí de mi oración, encontré que había estado llorando, pero no sentía tristeza. No me percaté de estar triste en ningún momento de mi meditación.*

Puede servirte de consuelo saber que San Benito de Nursia, fundador del monaquismo occidental, lloraba casi todo el tiempo. Era su respuesta característica a la bondad de Dios. Así mismo, hay momentos en que no podemos decir nada, pensar en nada, o sentir nada, y la única manera de responder es disolviéndose en la presencia de la increíble bondad de Dios.

Las lágrimas pueden ser una expresión tanto de alegría como de tristeza. También pueden ser la indicación de que unas cuantas emociones, que no encuentran otra forma de expresarse, se están liberando. Si en la oración brotan lágrimas, considéralas un regalo, una respuesta a la bondad de Dios, que une alegría con tristeza. El gozo puede ser tan grande que resulta doloroso.

Es una buena idea no darle demasiada importancia a cualquier experiencia o revelación durante el tiempo mismo de oración. Más tarde podrás reflexionar sobre ello, pero si notas que brotan lágrimas, que los labios sonríen, que los ojos se contraen, que hay picazón o dolor, considéralo como un pensamiento más y simplemente déjalo ir y retorna muy sosegadamente a la palabra sagrada.

Esta oración es un curso para aprender a desapegarnos y a no depender de que pensando vamos a lograr conocer a Dios en el silencio interior. Los obstáculos que nos impiden avanzar tienen que ser allanados de una forma u otra. Los pensamientos, estados de ánimo fluctuantes o sentimientos de depresión con duración de varios días, son medios que usa la psique para evacuar el material emocional de toda una vida y que está aún sin digerir. Cuando pasen, tu interior psicológico se sentirá mucho mejor. La mejor comparación es cuando sientes náuseas. Es desagradable devolver lo que se ha comido, pero después te sentirás muy bien.

Cabe aclarar que si el dolor no desaparece durante todo el tiempo de oración, es posible que sea algo patológico y que necesite consulta con un médico. Pero a menudo sucede que se trata simplemente de un nudo emocional que fisiológicamente se está tratando de desenredar, y toma la forma de un breve dolor, lágrimas o risa. Como mencionaba antes, conozco personas que han comenzado a reírse en medio de la oración, porque súbitamente han tropezado con algo en el subconsciente que antes no les pareció gracioso y que ahora han entendido y ven el chiste. Por medio de la profundización de la confianza en Dios, uno puede reconocer los recovecos oscuros de su personalidad de acuerdo con su ritmo natural propio. Un buen psicólogo jamás desenterrará recuerdos dolorosos hasta que vea que el paciente está listo para enfrentarse con ellos. Dios actúa de la misma manera. A medida que aumenta en uno la humildad y confianza, es más fácil reconocer las partes oscuras de la personalidad sin oponer tanta resistencia. Eventualmente vas a llegar al centro de tu pobreza e impotencia humanas y te sentirás contento de estar allí. Es entonces cuando eres introducido en la liberación de la acción creativa de Dios, porque ya no habrá en ti ninguna actitud egoísta o posesiva hacia tu persona o tus talentos. Estarás totalmente a Su disposición. La libertad interior es lo que se obtiene con esta oración. No es ser libre para hacer lo que te de la gana, sino libre para que Dios haga lo que Él desea en ti, la libertad para que seas tu auténtico ser y para ser transformado en Cristo.

Parece que la oración de quietud tiene una dimensión sanadora; al menos, esa parece ser mi experiencia. Algunos no tienen mucho que deba ser sanado; pero cuando uno tiene cicatrices grandes, la oración de quietud parece actuar como una pomada para ayudar a sanar estas heridas.

De acuerdo, ese es un fruto digno de mencionarse. San Juan de la Cruz enseña que el silencio interior es el lugar donde el Espíritu Santo unge el alma y sana las más profundas heridas.

¿Se extiende la curación al cuerpo, además de al alma?

Es cierto que aquellas enfermedades que son mayormente psicosomáticas se curan cuando se recupera la paz en la vida emotiva.

Me he puesto a pensar que Dios tiene su forma de ocultar a nuestra vista la labor que está llevando a cabo en nosotros, dejándonos con algo parecido a la espina que por los relatos de San Pablo sabemos llevaba en su propia carne, y así mantenernos humildes.

La oración contemplativa no establece la vanagloria de nadie, de eso podemos estar seguros; más bien nos enseña a resignarnos a enfermedades tales como las que has mencionado. Si algunas personas se convencen de que están logrando demasiado con su oración, puede que de vez en cuando requieran una pequeña ayuda para hacerlos aterrizar.

El método de la oración centrante es sólo una puerta de entrada a la oración contemplativa. A medida que la experiencia de esta última aumenta en uno, se hace cada vez más difícil referirse a ella porque no forma parte de la experiencia ordinaria de la vida psíquica propiamente dicha. Imaginémonos los rayos del sol reflejándose en una piscina. Los rayos están unidos al agua, y sin embargo están muy separados de ella, puesto que proceden de otro lugar. De forma similar, la experiencia de Dios en la oración contemplativa no se presta a que se hagan distinciones. Cuanto menos se pueda decir con respecto a ello, tanto más está presente. Está en todo y a través de todo; por ese motivo no podemos captarla.

Todo comienzo es llamativo, pero a medida que te vas habituando a algo y se convierte en parte de tu ser, comienzas a acostumbrarte y ya no levantará todo el polvo emocional que solía levantar cuando era una experiencia nueva. Lo mismo sucede al comienzo del camino espiritual. Para algunos la oración contemplativa puede ser algo tan misterioso que ni ellos mismos pueden expresar con palabras lo que experimentan a excepción de que para ellos sí es algo muy real. El tipo de calamidades o "espina" que mencionas, obvias para ellos y para los demás, son una forma maravillosa de ocultarse de sí mismos y de los demás. A Dios le encanta que la santidad de Sus amigos permanezca oculta, y especialmente que ni ellos mismos la perciban.

Al ir avanzando las personas en su vida de oración, ¿aún experimentan fluctuaciones constantes entre los pensamientos y los momentos contemplativos?

A medida que el subconsciente se descarga, se harán manifiestos los frutos de una naturaleza humana integrada, con su respectivo flujo de gracia, por medio de un cambio de actitud muy significativo. La unión que te va revelando la oración contemplativa ya no estará reservada sólo para esos momentos. Habrá momentos en medio del día en que te sobrecoja el silencio. Toda realidad pasará a convertirse en algo transparente; y el fundamento divino resplandecerá a través de ella.

Cuando ha salido todo lo que se encontraba depositado en el subconsciente, los tipos de pensamiento que pasaban al principio desaparecen. Termina el proceso de purificación, y entonces se es consciente en todo momento de que existe una unión con Dios porque no habrá obstáculos en el nivel consciente. La realidad que nos rodea no es mala o imperfecta; el problema es de nosotros que no podemos relacionarnos con ella debido a los obstáculos que llevamos dentro. Cuando estos últimos han sido eliminados en su totalidad, la luz de la presencia de Dios iluminará nuestro espíritu en todo momento, así estemos absorbidos por un sinnúmero de actividades. En lugar de dejarse apabullar por cosas externas, el auténtico "yo", en íntima unión con Dios, podrá dominarlas.

Tal vez la primera etapa del desarrollo de la oración contemplativa es la conciencia de estarse independizando del mundo psicológico ordinario. En otras palabras, nos damos cuenta de que somos algo más que sólo nuestro cuerpo y algo más que sólo nuestros pensamientos y sensaciones. Ya no estamos identificados con los objetos externos al extremo de no poder pensar en otra cosa. Nos estamos percatando de nuestra naturaleza espiritual, de que nuestro espíritu es la morada de la Santísima Trinidad. La comprensión de esta realidad pasa a formar parte de toda realidad existente y ya no puede ser aplastada, ni en medio de una gran actividad, ni por ciertas circunstancias u objetos externos, ni por nuestras emociones y pensamientos.

A pesar de lo dicho anteriormente, la experiencia de independizarse y distanciarse del resto de toda realidad no llega a ser una independencia absoluta. Tan sólo se trata de una afirmación de nuestro auténtico "yo" Sigue luego otra forma de conciencia. A medida que el subconsciente va quedando desocupado de basura, la percepción del nivel más profundo dentro de nosotros trae consigo la percepción de un nivel más profundo en los demás. Esa es la base del mandamiento que nos dice que se debe amar al prójimo como a sí mismo. Cuando de verdad te amas a ti mismo, te das cuenta de que tu auténtico "yo" es la expresión de Cristo en ti, a la vez que también vas reconociendo en todas las demás personas ese mismo potencial. Esta frase de San Agustín, "Un Cristo amándose a sí mismo" nos da una buena descripción de lo que es una comunidad cristiana que ha alcanzado la madurez. Uno reconoce que todo lo que sucede obedece a un poder mayor que el propio.

Entonces es cuando todo comienza a reflejar, no sólo su propia belleza sino la belleza de su fuente. Uno se siente unido a todo lo demás en que mora Dios. La revelación de que Cristo mora en todos los seres que nos rodean genera un deseo espontáneo en la persona de expresar caridad hacia los demás. En lugar de mirar únicamente la personalidad, raza, nacionalidad, sexo, posición, o características (buenas o malas en tu opinión), miras lo que está debajo de todo eso, es decir, la unión, existente o potencial, con Cristo, a la vez que percibes en todos los seres la desesperada necesidad que tienen de que se les ayude. El potencial de trascender está aún esperando a ser cultivado en la mayoría de las personas, y esto despierta en la persona una gran compasión. Este amor, cuyo centro es el mismo Cristo, nos saca de nuestro mundo, y llevamos entonces nuestro recién descubierto sentido de independencia a nuestra relación con los demás, la cual ya no será de dependencia, que es típica de muchas relaciones, sino que estará basada en Cristo como su centro. Te capacita para servir a los demás con una gran libertad de espíritu puesto que uno ya no está persiguiendo sus propios goles egocéntricos sino respondiendo a la realidad como es.

El amor divino no es una actitud que uno puede ponerse como un abrigo; más bien se trata de la manera correcta de responder a la realidad. Es la relación indicada con el existir, incluyendo el propio existir. Y, esa relación es primordialmente receptiva, nadie posee el amor divino en un grado diferente al que ha recibido. Una parte importante de corresponder al amor divino, una vez que se ha recibido, es transmitirlo al prójimo de una manera que sea apropiada para el momento presente.

¿Es el propósito de esta oración mantenerte en un estado de unión con Dios a lo largo de todo el día?

Sí, pero al comienzo es probable que no sea continuo. Más adelante, con el desarrollo de la práctica de la oración, se nota la evidencia de una unión más estrecha en la vida cotidiana. Uno también puede estar unido a Dios sin que ninguno de los sentidos se lo recuerde; y es esto a lo que me refiero cuando hablo de preparar el cuerpo para estados más elevados de conciencia. Un éxtasis físico es una debilidad corporal. Cuando los sentidos no están preparados para percibir las comunicaciones de Dios en toda su intensidad, simplemente ceden y uno es llevado fuera del cuerpo. Personas místicas maduras que han rebasado esa etapa, raramente tienen un éxtasis corporal. En ellos las comunicaciones espirituales se han integrado con la naturaleza física y tienen la fortaleza necesaria para recibir aquellas sin los inconvenientes de antes. El vivir la vida divina pasa a ser lo mismo que vivir una vida humana ordinaria. En las "diez ilustraciones" en la práctica del Zen, la última representa el retorno a la vida ordinaria después de haber sido totalmente iluminado, y simboliza justamente esto, es decir, el hecho de que no hay forma de distinguir lo que la vida era al comenzar, de lo que ha llegado a ser, con excepción de que se sabe que la vida ordinaria de antes ha sido completamente transformada.

El triunfo de la gracia hace que las personas vivan sus vidas ordinarias en forma divinizada. Primero vendrán momentos de recogimiento espiritual absorbentes. Una vez que estos han sido totalmente integrados, continúa la misma gracia pero ya no absorbe a la persona. Uno es libre de llevar a cabo sus actividades diarias con el mismo (o mayor) grado de unión con Dios que el que percibía antes. La oración constante, en todo el sentido de la palabra, está presente cuando todos nuestros actos son inspirados por el Espíritu. Al no poder estar en este estado, tenemos que usar métodos que nos ayuden a unirnos a Dios.

Hay una diferencia entre "ser" y "hacer" Una vez que uno ha sido transformado en Cristo, todo lo que uno haga está ungido por la transformación interior de su ser. Supongo que en eso consistió el misterio del gran atractivo que ejercía la Madre Teresa de Calcuta. Cautivaba al público. Las cámaras fotográficas la seguían no por su belleza física, sino porque irradiaba la misteriosa fuerza atractiva de Dios. Estoy seguro de que no deseaba "hacerlo" sino que simplemente ella "era" así, y esa era la causa de todo. Ese es el tipo de transformación que la oración contemplativa tiende a causar. Es muy fácil quedarse estancado a niveles menos elevados de desarrollo espiritual, pero siempre habrá un desafío de ir más allá, y si aceptamos, estaremos de nuevo participando en la carrera.

Ningún ser humano alcanzó un nivel más alto en la vida espiritual que la Santísima Virgen María, por la sencilla razón de que no existía obstáculo alguno que impidiera su crecimiento. Para ella el crecimiento en gracia significó crecer en medio de la condición humana con sus interminables pruebas. Ella sufrió, sin duda, las pruebas más duras. La unión transformadora debería hacer posible que uno soportara pruebas mayores que las que deben soportar los cristianos menos evolucionados. De lo contrario, ¿de qué serviría construir esta magnífica estructura espiritual si no vas a hacer algo con ella? Estoy seguro de que Dios tiene otras intenciones que simplemente mirar a esta gente tan santa. Desea que hagan algo. Si él dispuso liberarlos de su "Falso Yo" fue precisamente con miras a grandes propósitos.

Supongamos que se ha obtenido la resurrección interior, la unión transformadora, y no se experimentan las turbulencias de las emociones porque todas han sido transmutadas en virtudes. Cristo mora en esas personas de una manera impresionante, y ellas son muy conscientes de esa unión imperecedera con Él. Supongamos luego que Dios les pida renunciar a ese estado iluminado de que disfrutan y regresar al tipo de pruebas que sufrían anteriormente, o algo peor. Su unión con Dios sería preservada, pero les sería imposible detectarla a nivel psíquico. Esa es una forma de sufrimiento vicario. La unión transformadora no es un pase de cortesía para obtener felicidad en este mundo. Para unos, esto puede representar una vida de completo aislamiento, lleno de soledad; para otros, un apostolado activo que no les permite deleitarse plenamente en la unión divina; y para otros, puede involucrar intenso sufrimiento, ya sea físico, mental o espiritual, que ellos ofrecen por una intención especial o por toda la familia humana. Su humanidad transformada hace que su sufrimiento adquiera un inmenso valor por la misma razón por la cual Jesús, debido a su dignidad divina, se convirtió en el Redentor de todo ser humano en el pasado, presente y futuro.

Santa Teresita de Lisieux, durante su última enfermedad, no podía pensar en el cielo, a pesar de que hasta entonces había sido su mayor gozo; y sin embargo era evidente que había alcanzado la unión transformadora, comprobado por la punzada que recibió en el corazón. Ella misma tenía una vaga noción de que estaba atravesando por lo que los incrédulos de sus tiempos llamaban la noche oscura. Ella vivió durante la cumbre de la era racionalista, que fue cuando probablemente la arrogancia del intelecto humano alcanzó su punto máximo.

Vemos entonces que mayores pruebas del camino espiritual pueden ocurrir "después" de la unión transformadora. No destruirían la unión, pero esta sería tan pura que no podría percibirse, como un rayo de sol al pasar por un vacío perfecto. Esta sería la forma más profunda de imitar al Hijo de Dios, que renunció a ser Dios, como nos lo dice San Pablo, para cargar con las consecuencias de la condición humana. Jesús cedió sus privilegios de su unión única con el Padre para poder experimentar nuestra debilidad y hacer suyos nuestros sufrimientos. Ese sacrificio sólo podría ser imitado por alguien que ha llegado a la unión divina y que entonces, en respuesta a la llamada o insistencia de Dios, devuelve a Dios todo el deleite normal de ese estado para ser de nuevo sumergido en pruebas insoportables. Esto es evidente en las vidas de muchos místicos y santos. Y yo me atrevería a asegurar que Dios no va a cambiar Su forma de proceder.

La vida, una vez que uno está en unión con Dios, se convierte en lo que Dios disponga. Está llena de sorpresas. Hay una sola cosa que se puede esperar con seguridad en el camino espiritual, y es que aquello que tú esperas que suceda, no va a suceder. Sólo al entregar y renunciar a todas tus expectativas serás conducido al "Lago Medicinal" el término de los nativos americanos para la oración contemplativa. La medicina que todos necesitan es la contemplación, que es lo único que lleva a la transformación.

Al practicar la oración contemplativa, atravesarás varias etapas y vicisitudes. Es posible que tengas experiencias que te dejen en un estado de confusión. El Señor enviará su ayuda por medio de un libro, una persona, o el don de la paciencia. Y también puede ser que el Señor te deje solo y no envíe ayuda alguna. Puede que tengas que aprender a vivir en medio de situaciones imposibles. Las personas que logren vivir en paz en medio de situaciones imposibles progresarán enormemente en el camino espiritual. Te verás enfrentado con soledad y angustia existencial. Puedes sentirte como si nadie en el mundo entero te entendiese o pudiese ayudarte, y que Dios se halla a una distancia de dos mil millones de años luz. Todo esto forma parte del proceso de preparación. Dios está, como si fuese un buen agricultor, preparando el terreno de nuestras almas para producir una cosecha con un rendimiento no de cuarenta o sesenta por unidad, sino de cien. Eso requiere que el terreno haya sido bien arado. Es como si Dios moviera su tractor sobre el terreno, primero en una dirección, después en la dirección opuesta, y luego en un círculo. Continúa haciendo esto una y otra vez hasta que la tierra se pulveriza y parece arena. Cuando todo está preparado, se riega la semilla.

Otra imagen que podría usarse es la de un árbol que está creciendo. Lo primero que aparece son el tronco y las ramas, y luego las hojas que embellecen el árbol; es la etapa del crecimiento que podría compararse con el gozo que trae consigo la primera vez que aprendes a introducirte en el silencio interior. Después de las hojas, siguen las flores, otro momento de intensa satisfacción. Pero no tardan mucho en marchitarse y caer al suelo. Al final de la estación aparece la fruta, pero aún tomará un tiempo para madurar en el árbol. Así que no te imagines que cuando aparezcan las hojas y luego las flores, has llegado al final de la jornada. El camino espiritual es un viaje largo.

Por añadidura, el ciclo de tu experiencia parecerá repetirse y te encontrarás en el mismo sitio donde comenzaste, sin haber hecho ningún progreso. Esta repetición de ciclos es como ascender por una escalera caracol. Te parece que regresas al mismo punto de partida todo el tiempo, pero en realidad regresas cada vez a un nivel un poco más alto. El águila cuando emprende el vuelo hacia el sol siempre retorna al mismo lugar en lo horizontal, pero a un punto más alto en lo vertical.

La penetración de luz divina en nuestras almas es un rayo de oscuridad, de acuerdo con San Juan de la Cruz. La razón por la cual vemos una luz en una habitación oscura es por el polvo. Si no hubiese polvo, el rayo de luz atravesaría el recinto sin hacerse visible. Este es un símbolo del desarrollo pleno de la oración contemplativa, que es tan pura que no es perceptible para el que la recibe. Sólo se manifiesta en la transformación progresiva de la persona; y esa persona manifiesta a Dios más que cualquier sacramento.

¿No es éste acaso el significado de la fiesta de la Inmaculada Concepción? Se nos invita a que nos convirtamos en lo que Nuestra Señora fue desde el principio, una transmisión pura de la presencia y acción de Dios. La oración contemplativa es la escuela por la que pasamos para llegar al estado contemplativo, que a su vez es el medio que usa Dios, normalmente, para conducir a las personas a un estado de unión permanente. Una vez hayan alcanzado ese estado, es muy posible que no se den cuenta de las gracias que Dios infiltra en ellas, pero el Espíritu Santo les inspira y motiva en todo lo que hacen.

X

RESUMEN DEL MÉTODO DE LA ORACIÓN CENTRANTE

El método de la oración centrante es un medio para reducir los obstáculos que ordinariamente existen para llegar a la contemplación, y preparar las facultades humanas para que cooperen con ese don. Es un intento de presentar las enseñanzas de los tiempos antiguos en una forma contemporánea y complementarlos con un cierto orden y regularidad. Su objetivo no es reemplazar otras formas de orar, aun cuando sí les da una nueva perspectiva. Durante el tiempo que dura la oración, se centra la atención en la presencia de Dios dentro de cada uno. Hay otros momentos en que la atención de cada cual se mueve hacia afuera para descubrir Su Presencia en todo lo demás. La oración centrante no es en sí un fin, sino un comienzo. No se hace para sentir una experiencia, sino para que derrame sus frutos positivos en la vida de la persona.

El método de la oración centrante está diseñado para interrumpir el flujo ordinario de pensamientos que influye y refuerza nuestra forma de pensar habitual, no sólo acerca de nosotros mismos, sino también con respecto al mundo que nos rodea. Podría compararse con el cambio de onda larga a onda corta en la radio. Puede ser que estés acostumbrado a las estaciones de onda larga, pero si estás interesado en estaciones distantes, tendrás que cambiar a la otra onda. De forma similar, si interrumpes tus patrones ordinarios y emotivos, te estás abriendo a un mundo de una realidad nueva.

Para hacer esto ordenadamente, adopta una posición cómoda que te permita estarte sentado quieto. Cierra los ojos. Desaparece la mitad del mundo exterior puesto que generalmente pensamos en lo que nos entra por los ojos. A fin de aminorar el flujo ordinario de los pensamientos, piensas sólo en uno. Con ese propósito en mente, escoges una palabra de una o dos sílabas, la que más te guste.

Para algunas personas, una mirada abstracta y amorosa hacia Dios puede resultar mejor para disponerse a orar. Pero se seguirá el mismo procedimiento que con la palabra sagrada. La palabra es sagrada porque es el símbolo de la intención de abrirse al misterio de la presencia de Dios, más allá de todo pensamiento, imagen y emoción. No se escoge por lo que significa sino por la intención que representa. Es simplemente un indicativo que apunta y expresa la dirección de un movimiento interior hacia la presencia de Dios.

Para comenzar, introduces la palabra sagrada en tu imaginación con tal suavidad que sea como si se tocara un trozo de algodón con una pluma. Continúas con la palabra sagrada presente en tu mente, en cualquier forma en que surja. La idea no es repetirla constantemente; puede pasar desapercibida, volverse vaga o convertirse en sólo un impulso de la voluntad, y hasta desaparecer. Acéptala, como sea que aparezca.

Cuando te apercibes que estás pensando en algo, retornas a la palabra sagrada como la expresión de tu intención. La efectividad de esta oración no depende de la claridad con que se diga la palabra sagrada o la frecuencia con que se repita, sino más bien en la suavidad con que se introduzca en la imaginación al comienzo de la oración y la prontitud con que se retorne a ella cuando algún pensamiento diferente te atrape.

Los pensamientos son algo inevitable en la oración centrante. Nuestras ideas ordinarias son como botes que flotan sobre la superficie de un río y que están tan próximos el uno del otro que impiden ver el río sobre el cual navegan. En el contexto de esta oración, un "pensamiento" es toda percepción que cruza por la pantalla interior de nuestro consciente. Normalmente nosotros somos conscientes de objetos que incesantemente pasan por esa pantalla: imágenes, recuerdos, sentimientos, impresiones externas. Cuando disminuimos ese flujo de pensamientos por un corto lapso de tiempo, comienza a hacerse un espacio entre los botes, y surge la realidad sobre la cual flotan.

La oración centrante es un método para que la atención se desvíe de algo en particular, y se dirija hacia lo general, de lo concreto a lo que no tiene forma. Al comienzo te preocuparán las barcas que pasan, y sientes interés por lo que contienen. Pero sólo déjalos que pasen. Si te das cuenta que alguno de ellos te ha atrapado, retorna a tu palabra sagrada que expresa el movimiento de todo tu ser hacia Dios, presente en ti.

La palabra sagrada es un simple pensamiento de que estás entrando en niveles de percepción cada vez más profundos. Por eso yo mencionaba antes de que se acepte la palabra sagrada en la forma en que se presente. La palabra que pronuncien tus labios es externa y no tiene parte alguna en este tipo de oración. El pensamiento en tu imaginación es interior; y la palabra como impulso de tu voluntad es aún más profunda. Solamente cuando se va más allá de la palabra y se llega a la conciencia pura, se ha completado el proceso de interiorización. Eso era lo que hacía María en Betania, a los pies de Jesús. Ella se estaba trasladando más allá de las palabras que oía para introducirse en la Persona que las estaba pronunciando y llegar a una unión con Él. Es lo que hacemos cuando nos sentamos en la oración centrante; interiorizamos la palabra sagrada. Estamos yendo más allá de la palabra sagrada hasta llegar a una unión con Aquel a quien se dirige, el Misterio Máximo, la Presencia de Dios, que excede cualquier percepción que podamos tener de Él.

Cinco tipos de pensamiento

Muy variados son los pensamientos que pueden aparecer en el nivel consciente cuando comenzamos a relajar la mente. Se sugieren diferentes formas de responder a cada tipo de pensamiento, a saber:

1. *Las divagaciones de la imaginación.* Los pensamientos más obvios son los superficiales, productos de la imaginación que está siguiendo su propensión natural al movimiento perpetuo. Es importante aceptarlos simplemente como son y no prestarles una atención que no merecen. Podrían compararse estos pensamientos con el ruido de la calle que entra por la ventana de un apartamento en donde dos personas están tratando de mantener una conversación. Su mutua atención está firmemente dirigida hacia la otra persona, a pesar de que no pueden evitar oír el ruido de la calle; habrá momentos en que ni lo oirán, y otros momentos en que el sonido estridente de una bocina los distraerá por unos instantes. La única actitud razonable en este caso es soportar el ruido y prestarle la menor atención posible. De esta manera lograrán prestarle mayor atención a la otra persona, dentro de las circunstancias.

2. *Pensamientos que conllevan un atractivo emocional.* El segundo tipo de pensamientos es cuando, usando el ejemplo anterior, nos interesamos en algo que esté sucediendo en la calle. Se forma un tumulto en ella y atrae

nuestra curiosidad. Esta es la clase de pensamiento que invita a una reacción. La forma de regresar a darle a Dios la atención amorosa y total que le estábamos dando antes del evento, es retornando a la palabra sagrada. Es importante no alterarse por estos pensamientos, tan interesantes que lo han distraído a uno. Cualquier reacción negativa es otro pensamiento, y nos alejará aún más del silencio interior que es el objetivo primordial de esta oración.

3. *Discernimientos y descubrimientos psicológicos.* Hay un tercer tipo de pensamiento que surge cuando nos sumergimos en una profunda paz y silencio interior. Comparemos lo que sucede en la mente con una pesca. Algo así como un discernimiento de una verdad teológica o un maravilloso descubrimiento psicológico aparece, como un cebo apetitoso, y se mece delante del ojo de nuestra mente y pensamos, "¡Tengo que tomarme un minuto para estar seguro de que capto esta fantástica revelación!". Si este pensamiento te captura por un lapso de tiempo lo suficientemente largo como para fijarlo en tu memoria, habrás dejado atrás las refrescantes aguas del silencio interior. Cualquier pensamiento deliberado te saca de ellas.

Para la oración centrante se requiere una forma muy íntima de desprendimiento. No se trata tan sólo de una experiencia refrescante, que podría confundirse con un momento de recreación espiritual y que sin duda puede ser un efecto secundario; requiere una negación de aquello a lo cual estamos más apegados, a saber, nuestros propios pensamientos o sentimientos más ocultos, y su fuente, que es el "Falso Yo".

Esta forma de ascetismo se encamina hacia las raíces de nuestro apego a los programas emocionales del "Falso Yo". Es una manera concienzuda y encantadora de autonegación, que no necesita ser aflictiva para ser efectiva.

Aquí la cuestión es cómo escoger la forma más apropiada y útil de autonegación y cómo hacerla funcionar.

4. *Autorreflexión.* Cuando te acomodas en una profunda paz y te liberas de ciertos pensamientos, puede que surja un deseo de reflexionar en lo que está sucediendo. Puede que pienses, "¡Por fin estoy llegando a algún lado!", o, "¡Lo que siento es sencillamente maravilloso!," o, "¡Si tan sólo pudiese hacer una nota mental de cómo llegué aquí para poder regresar cuando quiera!". Estos son ejemplos de la cuarta clase de pensamientos. Lo que se te está presentando es que elijas entre reflexionar en lo que está sucediendo y dejar pasar la experiencia sin prestarle mucha atención. Si haces esto último, avanzarás a un silencio interior más profundo. Si reflexionas, sales y tendrás que comenzar de nuevo. Ya verás como vas a estar "comenzando de nuevo" a menudo.

La reflexión es dar un paso atrás en la experiencia. Es una fotografía de la realidad. Tan pronto comienzas a reflexionar sobre una experiencia, ésta ha concluido. El reflexionar sobre un gozo es un intento de posesionarse de él, y enseguida se escapa. La tendencia a reflexionar es una de las cosas más difíciles de manejar en la oración contemplativa. Queremos saborear ese momento de gozo puro, experiencia pura, conciencia pura. Sentimos el deseo de reflexionar sobre los momentos de profunda paz y unión con el fin de recordar cómo llegamos allí y por lo tanto, cómo regresar allí. Pero si eres capaz de dejar ir esta tentación y retornas a la palabra sagrada, pasarás a un nuevo nivel de liberación, a un gozo más refinado.

La presencia de Dios es como el aire que respiramos. Puedes tomar todo el que quieras, siempre y cuando no trates de tomar posesión del mismo y aferrarte a él.

Esta oración es comunión con el Espíritu de Dios, que es Caridad, regalo puro. Nuestro instinto posesivo quiere aferrarse a todo lo que es placentero de forma desesperada, y nada trae consigo más deleite que la Presencia divina; nos brinda un inefable sentido de seguridad y tranquilidad. La Presencia de Dios no responde a la avidez de poseer. Está totalmente disponible, pero con la condición de que la aceptemos con desprendimiento y no tratemos de posesionarnos de ella.

Este método de orar es un aprendizaje en sumisión. Nos enseña a través de nuestros muchos errores a no ser posesivos sino más bien desapegados. Si durante esta oración, logras sobreponerte al hábito impregnado de reflexionar en lo que está pasando, si logras tener paz y no reflexionar sobre el hecho de estarla experimentando, entonces sabrás que has aprendido cómo hacerla.

5. *Purificación Interior.* Cualquier forma de meditación u oración que trascienda el pensar, pone en marcha la dinámica de purificación interior. Esta dinámica es la escuela de terapia de Dios. Habilita al organismo para que libere tensiones profundamente arraigadas, en forma de pensamientos. Por lo general los pensamientos que resulten de esta terapia surgen sin que uno sepa por qué ni de donde vienen. Se presentan con una cierta fuerza o carga emocional. Puede que se sienta ira intensa, tristeza o miedo que no esté relacionado con el pasado inmediato. Nuevamente aquí, la mejor solución es regresar a la palabra sagrada.

A través de este proceso, el material psicológico sin asimilar de toda una vida se evacua gradualmente, se desmantela la inversión emocional de la primera infancia en programas para obtener felicidad basados en los deseos instintivos, y el "falso yo" le va cediendo el paso al "auténtico yo".

Una vez que comprendas el hecho de que los pensamientos no sólo son inevitables, sino que son una parte integral del proceso de curación y del crecimiento que Dios ha iniciado, serás capaz de mirarlos de forma positiva. En lugar de considerarlos distracciones insufribles, contemplarás tanto el silencio interior como los pensamientos con una perspectiva más amplia: son pensamientos que no deseas, pero son tan valiosos para el propósito de la purificación como lo son los momentos de profunda tranquilidad.

Descansar en Dios

Al ir relajándote y profundizando, puede que llegues a un lugar en donde la palabra sagrada desaparece del todo y no existen los pensamientos. Esto a menudo se experimenta como una suspensión del estado consciente, un espacio en blanco. Lo próximo que va a aparecer en tu mente es el pensamiento "¿Dónde estaba yo? No había palabra sagrada y yo no estaba pensando en nada"., o puedes sentirte como si hubieras perdido la noción del tiempo (el tiempo mide el movimiento). Si el flujo ordinario de pensamientos disminuye al mínimo, o si los pensamientos no siguen de forma consecutiva, el período de oración transcurre como un chasquido de los dedos.

La experiencia de silencio interior o de "descansar en Dios" consiste en dejar atrás pensamientos, imágenes y emociones. Viene del reconocimiento de que el núcleo de tu ser es eterno e indestructible, y que tu persona es amada por Dios y comparte Su vida divina. Hay quienes suelen disfrutar de la clara experiencia de ese silencio interior durante su período de oración. Otros experimentan calma y tranquilidad acompañados de un séquito de pensamientos. Y otros, muy rara vez, tienen esas experiencias. Cualquiera que sea la forma o la intensidad en que ocurra el silencio interior, debe ser aceptado y no deseado, porque adherirse a un deseo sería en sí un pensamiento.

Acepta todo lo que suceda durante los períodos de oración centrante con paz y agradecimiento, sin juzgar nada. Aún en el caso de que tuvieses una experiencia avasalladora de Dios, este no es el momento para ponerse a pensar en ella. Deja que los pensamientos vengan y se vayan. El principio básico para el manejo de los pensamientos durante la oración es este: no te resistas a ningún pensamiento, no retengas ningún pensamiento, no reacciones con emoción a ningún pensamiento. Cualquiera que sea la imagen, sensación, reflexión o experiencia que capte tu atención, retorna a la palabra sagrada.

No juzgues la oración centrante en base a la cantidad de pensamientos que aparezcan y en la paz que sientas. La única forma de juzgar esta oración es por los frutos a largo plazo: disfrutas de más paz, humildad y caridad en tu vida cotidiana. Habiendo descubierto el profundo silencio interior, comienzas a relacionarte con los demás a un nivel más profundo y no simplemente por su aspecto, posición social, raza, nacionalidad, religión o características personales.

Al conocer a Dios de esta manera, se percibe toda la realidad en una nueva dimensión. El fruto maduro de la oración contemplativa es volver a reconocer en los vaivenes de la vida cotidiana, no sólo el pensamiento en Dios, sino el reconocimiento espontáneo de que Su Presencia penetra, traspasa y trasciende más allá de todo. Aquel que es el infinito, el incomprensible, el inefable, es el Dios de pura fe. En esta oración confrontamos el más fundamental de todos los interrogantes del ser humano: "¿Quién eres, Señor?", y esperamos su respuesta.

XI

LA EXPERIENCIA INTENSIVA DE LA ORACIÓN CENTRANTE

Durante un retiro se pueden alargar los períodos de oración centrante. Así mismo, es posible que los miembros de un grupo que se reúne regularmente para practicar la oración centrante deseen extender los períodos de oración una vez a la semana o al mes.

A continuación expongo los comentarios de algunos participantes, que reflejan las experiencias que suelen tener la mayoría de las personas después de tres períodos sucesivos de oración centrante.

El aumentar la duración o el número de períodos de oración centrante puede ayudar a profundizar la experiencia del silencio interior. En ese contexto es posible que se acelere el proceso de descarga del subconsciente. A continuación leerán el informe de una de estas sesiones que consistió en tres períodos de oración centrante, con una duración de 20 minutos cada uno, separados por una caminata meditativa de cinco a siete minutos en que los participantes avanzaban en fila, con paso lento y gran recogimiento.

Integrante 1º: Encontré que esta experiencia trae mucha paz. La continuidad de tres períodos seguidos trajo consigo una sensación más profunda de paz. En realidad no hubo interrupción, aun cuando nos paramos y caminamos. No me canso de enfatizar la experiencia de una oración que se hace en comunidad. Mi apreciación de compartir la oración, cualquier tipo de oración, se profundizó.

Respuesta: En realidad, la idea es que el acto de caminar forme parte de la oración, que sea el primer paso para llevar el silencio interior a una acción de índole muy sencilla.

Integrante 2º: Al mismo tiempo que encontré mucha, mucha paz, me daba perfecta cuenta de la cantidad de pensamientos que me asaltaban durante los tres períodos. No afectaron la paz, pero sí me apercibí de cuántos eran. También sentí que a veces todo mi cuerpo deseaba descender más profundamente. El tiempo transcurrió muy rápidamente.

Integrante 3º: Mi primer descubrimiento de hoy fue el hecho de que hay un elemento de apoyo en la oración en grupo. Llevo aproximadamente dos años practicando la oración centrante a solas, y no podía imaginarme cómo podía hacerse en grupo, y por consiguiente, tenía mis dudas. Pero han desaparecido.

Integrante 4º: Durante el primer período de oración, estaba inquieto, más que en el pasado, pero en cuanto llegué al tercero, encontré paz. Fue la respuesta a una pregunta que me había inquietado durante mucho tiempo. Siempre creí que el tiempo que yo era capaz de pasar en oración era muy corto, tal vez de veinte a veinticinco minutos, y me he preguntado si con el transcurrir del tiempo aumentaría. Me parecía que no había sido así y estaba preocupado. Pero con esta experiencia he visto que haciendo una pausa entre los períodos de oración, es posible prolongarlos.

Integrante 5º: Tengo que admitir que el tiempo pasó muy rápidamente y que las caminatas recargaron mis baterías. Cuando retorné a mi segundo período, el tiempo transcurrió aún más ligero; igual sucedió con el tercero.

Respuesta: Cuanto más profundo es el silencio en que estés, tanto más rápidamente transcurrirá el tiempo. Después de todo ¿qué es el tiempo? Es simplemente la medida de objetos que se perciben al pasar de largo. Por lo tanto, al haber menos objetos, hay menos tiempo, o al menos, hay menos conciencia del tiempo. Cuando no hay ninguno, el tiempo simplemente no parece pasar, y es allí donde la oración pasa como un rayo de luz. Ese tipo de oración profunda es una intuición de lo que es la vida eterna. Es una vista previa de la muerte, no en el sentido mórbido, sino en el sentido de algo deleitable.

Integrante 6º: Al principio, estaba tratando deliberadamente estar tranquilo, convirtiéndome en mi propio obstáculo. De alguna manera, en el segundo o tercer período, me sentí muy cómodo y tuve una sensación consciente de gozo y paz.

Integrante 7º: Al principio sentí un gran tedio, pero a mitad de la tarde comencé a sentir una revelación muy sutil, o simplemente todo mi ser se sintió muy a gusto, sin ninguna presión interior.

Respuesta: Si perseveras y continuas practicando, tu resistencia se cansa y caes en lo que de todos modos se supone que estés haciendo. Por lo tanto, tu cansancio se convierte en una ventaja.

Integrante 8º: Encontré que el tercer período de oración fue demasiado corto.

Respuesta: Se puede alargar el tiempo de oración de acuerdo al temperamento de cada cual y a la gracia que lo acompañe, cuando se está a solas. Sin embargo, cuando se trata de un grupo de personas, es preferible ponerse de acuerdo con respecto al tiempo que se va a orar para que no sea ni demasiado largo ni demasiado corto. Debe ser lo suficientemente largo para permitirle a las facultades mentales profundizar y relajarse. Pero tampoco tan extenso como para descorazonar al inconstante, quien jamás lo hará si tiene que encararse con algo que le parece interminable. Hacer tres períodos de oración sucesivamente, separados por una caminata contemplativa, es una buena manera de iniciarnos al hecho de que somos perfectamente capaces de un período extenso de descanso en Dios.

Integrante 9ª: Mi descanso fue tan profundo, que no estoy seguro si estuve durmiendo, por lo menos parte del tiempo. Dudaba, al comenzar, que fuera a ser capaz de completar la serie de tres períodos seguidos. No fue nada difícil una vez que entré de lleno en ello. Todavía no estoy totalmente seguro de qué hacer con respecto a la palabra sagrada, es decir, si debo esforzarme en repetirla, o simplemente dejarla ir.

Respuesta: Lo más importante que debe recordarse al practicar esta oración, es que no requiere esfuerzo alguno; sólo hay una actividad muy suave, y es la de escucha. Podría decirse que es casi como dejar que la palabra se repita sola. Pero aún mejor es dejar ir esta actividad. Cuando no estés seguro de que hacer, estás en completa libertad de hacer lo que prefieras, y tu mejor maestra será la experiencia que adquieras, teniendo presente que el silencio es mejor que la palabra sagrada. Para expresarlo mejor, la palabra sagrada en su expresión más profunda, es silencio. Cada vez que retornes a la palabra sagrada, debe ser de la manera más fácil posible, como si fuese un pensamiento espontáneo que apareciera. No tiene que ser ni explícito ni articulado, tanto es así que solo el pensamiento de regresar a la palabra sagrada puede bastar.

Integrante 10ª: Hoy me di cuenta de que usé la palabra menos que nunca.

Respuesta: El uso o presencia de la misma variará entre un período de oración y el otro, de acuerdo a las circunstancias. Debes usarla con gran flexibilidad. El concepto básico es que se use siempre para llegar adonde haya más paz, silencio y aún ir más allá. Si uno se encuentra en esa paz, ese silencio, ese más allá, olvídate de ella.

Integrante 11º: En cada sesión me parecía que profundizaba más y más, y tengo una pregunta al respecto. Todas las mañanas practico mi oración centrante, y a continuación ofrezco la Santa Misa. Pero me es difícil sustraerme de la oración. ¿Qué debo hacer?

Respuesta: Sólo puedo decir, ¡qué agradable tener ese problema!

Integrante 11º: Pero, ¿lo adecuado no sería estar pensando en las lecturas de la Misa? Yo, en cambio, estoy practicando la oración centrante.

Respuesta: Si la Divina Presencia se apodera de ti, y no eres tú el que está a cargo de dirigir la comunidad, no hay ninguna razón para que no descanses en la Presencia de Dios. Ahora bien, si tú estás a cargo de alguna función, como por ejemplo, si eres el que celebra la Misa, es obvio que tienes que continuar con la celebración de la misma. No puedes pretender que la congregación espere a que salgas de tu oración centrante.

Integrante 12º: Mi problema radica en que estoy disfrutando con esto más que con cualquier otra actividad.

Respuesta: Hay momentos en la vida de la persona en que la acción divina es muy fuerte y se hace difícil resistirla. También existen momentos en que parece que el Señor se olvidara de uno. Lo importante es aceptar lo que venga, adaptarse a lo que suceda, a lo que Él tenga a bien dar. Cuando el sentido de Su proximidad y distancia se turnan, Dios está entrenando nuestras facultades para que acepten el misterio de Su Presencia, más allá de cualquier tipo de experiencia de los sentidos o concepto. La Presencia divina es próxima e inmediata cuando estamos llevando a cabo el acto más rutinario imaginable. La fe debe convertirse en algo tan transparente que no requiera que se experimente nada. Lo que sí requiere es bastante experiencia para llegar a ese punto.

Cuando Dios crea al "nuevo hombre", es decir, tu ser transformado, en el silencio interior, en que miras el mundo con la visión que Cristo comparte contigo en el silencio profundo, Su modo de ver las cosas es más importante que el tuyo propio. Te pedirá, entonces, que vivas esa nueva existencia en medio de las circunstancias de la vida cotidiana, de tu rutina diaria, con la contradicción del ruido, la oposición, las ansiedades que parecerán perseguirte, porque lo que tú deseas es estar a solas para disfrutar de ese silencio. Sin embargo, es importante permitir que la vida cotidiana lo confronte a uno. Ese continuo alternar entre el profundo silencio y la acción gradualmente logra que los dos se unan. Te conviertes en alguien totalmente integrado que siendo contemplativo, es perfectamente capaz de vivir en la acción al mismo tiempo. Eres Marta y María a la vez.

Todos poseemos la capacidad para ser ambas cosas, pero en proporciones distintas. Al llevarlas a su máximo potencial e integrarlas, uno se convierte en un cristiano con madurez, capaz de desempacar cosas viejas y cosas nuevas. Es ser capaz de actuar y de no actuar, de lanzarse a la acción y de recogerse en el silencio. Es un alternar que poco a poco va estableciendo en ti la dimensión contemplativa del Evangelio, que es un estado de conciencia nuevo y transformado.

XII

FORMAS DE EXTENDER LOS EFECTOS DE LA ORACIÓN CONTEMPLATIVA

La oración centrante es la clave del compromiso más extenso con la dimensión contemplativa del Evangelio. Dos períodos de oración, de veinte o treinta minutos cada uno, uno a primera hora y otro en medio del día o en las primeras horas de la noche, mantienen la reserva de silencio interior a un alto nivel en todo momento. Los que dispongan del tiempo suficiente, pueden comenzar con unos diez a quince minutos de lectura del Evangelio. A aquellos que deseen dedicar una hora completa por la mañana al silencio interior, se les sugiere que comiencen con diez minutos de lectura bíblica seguidos por veinte minutos de oración; que hagan luego una caminata contemplativa, muy lenta, alrededor de la habitación, de unos cinco a siete minutos; y que concluyan con un segundo período de oración. Todavía sobrarán diez minutos para planear el día, orar por otras personas, o simplemente para conversar con el Señor.

Encontrar tiempo más adelante a lo largo del día puede requerir un esfuerzo especial. Si tienes que estar disponible para tu familia desde que entras por la puerta de tu casa después del trabajo, podrías orar durante la hora del almuerzo, o podrías a lo mejor hacer una parada en una iglesia o un parque cuando vayas camino a casa. Si te es imposible acomodar un segundo período de oración en el día, es importante alargar el de la mañana. Existen algunas prácticas que pueden ayudarte a mantener tu reserva de silencio interior a través del día y así extender sus efectos a tus actividades normales.

Formas de extender los efectos de la oración centrante a las ocupaciones diarias

1. "*Cultivar una aceptación básica de sí mismo*" Ser compasivo consigo mismo, incluyendo todo el pasado con sus errores, limitaciones y pecados. Esperar cometer muchos errores, y aprender de ellos. El aprendizaje que nace de la experiencia es el camino a la sabiduría.

2. "*Escoger una oración en la actividad*". ésta debe consistir en una frase de cinco a nueve sílabas, extraída de la Biblia, que gradualmente se va introduciendo en el nivel subconsciente por medio de una repetición constante en los momentos en que la mente esté libre, como por ejemplo, al hacer trabajos caseros, al caminar, en el automóvil, en la sala de espera, al bañarse, etc. Se puede sincronizar con los latidos del corazón. Llegará el momento en que se repite sola, manteniendo así la conexión con la reserva de silencio interior a través de todo el día. Si eres una persona demasiado escrupulosa y sientes una necesidad compulsiva de repetir la oración una y otra vez, o si la frecuente repetición te causa dolor de cabeza o de espalda, entonces esta práctica no es para ti.[7]

3. "*Dedicarle todos los días un tiempo a la 'lectio divina', escuchando la Palabra de Dios*". Son recomendables algo más de quince minutos cada día a la lectura del Nuevo Testamento o de algún libro espiritual que hable al corazón.

---

7. Cf. Apéndice A: "La oración en la Actividad".

4. "*Llevar consigo un 'Libro del Minuto'*". Puede contener una serie de pasajes cortos, de una o dos frases o como máximo un párrafo, de un autor favorito o del propio diario que sirva de recordatorio del compromiso que se ha adquirido con Cristo y con la oración contemplativa. Si lo llevas en tu bolsillo o cartera, podrás leer unas cuantas líneas cada vez que te encuentres con un par de minutos libres para hacerlo.

5. "*Deliberadamente desmantelar los programas emotivos del falso yo*". Observar las emociones que más nos alteran y los eventos que las disparan, pero sin analizar, racionalizar, o justificar las reacciones que se detectan. Darle un nombre a la emoción más fuerte que se siente y el evento en particular que la disparó y dejar escapar la energía que se está acumulando, por medio de un enérgico acto de la voluntad, tal como "¡Renuncio a mi deseo de seguridad, estima, control)!"[8]

El esfuerzo para desmantelar el "falso yo" y la práctica cotidiana de la oración contemplativa son las dos turbinas de tu Jet espiritual que te darán el impulso para despegar del suelo. La razón por la cual la oración centrante puede perder efectividad es que al salir de ésta para emprender las rutinas ordinarias de la vida cotidiana, los programas emotivos entran de nuevo en funcionamiento. Las emociones inquietantes comienzan de inmediato a drenar la reserva de silencio interior que se había establecido durante el tiempo de oración. Si, en cambio, te esfuerzas en desmantelar los centros de energía que están causando la emoción perturbadora, lograrás extender los efectos benéficos de tu centrar en la oración a todos los demás aspectos de tu vida.

---

8. Cf. Keyes, *Manual para llegar a una conciencia más elevada*, Capítulos 14 y 15.

6. "*Mantener un corazón vigilante*". Esta práctica consiste en dejar que toda emoción perturbadora sea absorbida por el momento presente. Esto puede lograrse de una de las siguientes maneras: hacer racionalmente lo que se hace, desviar la atención hacia otra actividad, o cediéndole la emoción al mismo Cristo. Lo que esta práctica requiere es el constante dejar pasar lo que personalmente le gusta o disgusta a uno. Cuando algo interfiere con nuestros planes, lo primero que tratamos de hacer es modificar esto. Sin embargo, nuestra primera reacción debería ser receptiva a lo que está sucediendo de tal manera, que si esto cambia nuestros planes, no nos alteremos. El fruto de mantener un corazón vigilante es que desarrollamos el hábito de estar dispuestos a cambiar nuestros planes en el último momento, y nos dispone a aceptar situaciones desagradables cuando se presentan. Podemos entonces decidir qué hacer con ellas, si modificarlas, corregirlas o mejorarlas. En otras palabras, los eventos ordinarios de la vida cotidiana se convierten en nuestra práctica. Todo lo que yo trate de decir al respecto es poco. Es erróneo pensar que la estructura monástica es la que abre el camino a la santidad para personas laicas, pero la rutina de la vida diaria sí. La oración contemplativa tiene como finalidad la transformación de la vida diaria, con su serie infinita de actividades ordinarias.

7. "*Practicar la aceptación incondicional de los demás*". Esta práctica tiene su mayor fuerza en el hecho de que aquieta las emociones del apetito utilitario, tales como el temor, el enojo, el valor, la esperanza, y la desesperación. Cuando se acepta a los demás incondicionalmente, se están disciplinando las emociones que desean desquitarse con los demás o alejarse de ellos. Se les permite a las demás personas que sean lo que son, con todas sus idiosincrasias y con ese comportamiento que tanto incomoda. La situación se complica aún más cuando se cree que

existe la obligación de corregir a alguien. Si tratas de corregir a alguien cuando estás enojado, puedes estar seguro de no llegar a ningún lado. Se levantan las defensas de los demás y les da la ventaja de poderte culpar a ti por lo que esté sucediendo. Espera a calmarte y entonces ofrece las correcciones nacidas de una preocupación muy genuina, la de querer lo mejor para ellos.

8. "*Toma la decisión de desmantelar la identificación excesiva con el grupo*". Esta práctica es la de dejar pasar nuestros condicionamientos culturales, las ideas preconcebidas, y la sobreidentificación con los valores que son importantes para nuestro grupo en particular, a la vez que significa estar abierto y dispuesto a cambiarse uno mismo, a un desarrollo espiritual más allá de la lealtad al grupo al que se pertenece, a aceptar lo que el futuro depare.

9. "*Celebrar la Eucaristía con regularidad*". Participar regularmente en el misterio de la pasión, muerte y resurrección de Cristo, que es la fuente de la transformación cristiana.

10. "*Unirse a un grupo de oración*". Formar un grupo o unirse a uno que ya exista, para reunirse semanalmente para practicar la oración centrante y "lectio divina" juntos, y para darse ánimo mutuamente para continuar con el compromiso de vivir la dimensión contemplativa del Evangelio[9].

Herramientas básicas para momentos de tentación

1. La firme decisión a perseverar en la travesía espiritual.

2. Confianza en la misericordia infinita de Dios.

3. Una práctica continua de estar en la presencia de Dios, orando y escuchando Sus inspiraciones.

---

9. Cf. Apéndice B: "El grupo de apoyo semanal".

XIII

PAUTAS PARA UNA VIDA CRISTIANA DE CRECIMIENTO Y TRANSFORMACIÓN

Los siguientes principios fundamentales representan un esfuerzo para tratar de volver a definir, en términos contemporáneos, la travesía espiritual.

1. La bondad básica que distingue al ser humano, junto con el misterio de la Santísima Trinidad, la Encarnación y el concepto de Gracia santificante, es un elemento esencial de la fe cristiana. Esta esencia de bondad puede crecer y desarrollarse de manera ilimitada, y llegar a convertirse en imagen de Cristo y endiosarse.

2. Esa esencia nuestra, que es buena, es nuestro auténtico Yo. Nuestro centro de gravedad es Dios, y el aceptar que fuimos creados básicamente buenos, es un gigantesco paso adelante en la travesía espiritual.

3. Dios y el auténtico Yo no están separados. Aunque no somos Dios, nuestro auténtico Yo y Dios son la misma cosa.

4. El término "Pecado original" es una forma de describir la condición humana, es decir, la experiencia universal de alcanzar la plena conciencia reflexiva sin tener la certeza de que se está en unión personal con Dios. Esto da lugar a una sensación íntima de estar incompletos, divididos, aislados y de ser culpables.

5. El pecado original no es el resultado de haber hecho algo malo, y sin embargo, es la causa de que nos sintamos separados de Dios, de los demás y de nuestro

auténtico Yo. Las consecuencias culturales de este alejamiento se nos inculcan en la tierna infancia y pasan de generación en generación. Cuando no se les presta la debida atención, la necesidad urgente de escapar de la profunda inseguridad que esta situación causa, hace brotar en nosotros deseos insaciables de placer, posesiones, y poder. A nivel social, es la causa de la violencia, la guerra y la injusticia institucional.

6. Entre las consecuencias del pecado original se cuentan, todos aquellos hábitos egoístas que quedaron entretejidos en nuestra personalidad a partir del instante de nuestra concepción, todo el daño que el ambiente y educación de nuestra infancia impregnó en nuestras emociones, todo el daño que con o sin conocimientos otros nos causaron a una edad en que éramos incapaces de defendernos, y los métodos que fuimos adoptando (muchos de ellos ahora sepultados en el sub-consciente) para mitigar el dolor de situaciones insoportables.

7. La conglomeración de reacciones preracionales es el fundamento del "Falso Yo", el cual se desarrolla en oposición al verdadero Yo.

8. Gracia santificante es la presencia y acción de Cristo acompañándonos en cada momento de nuestra existencia. Los sacramentos son actos rituales en los cuales Cristo está presente de forma especial, confirmando y sosteniendo el compromiso mayor de nuestra vida cristiana.

9. En el Bautismo nace el auténtico Yo y muere el "Falso Yo" de forma ritual, poniendo a nuestra disposición la victoria sobre el pecado que Jesús ganó por medio de su muerte y resurrección. Las aguas bautismales, que se enfrentan con la muerte y dan vida, destruyen, no nuestra individualidad como personas, pero sí nuestra sensación de estar separados de Dios y de los demás.

10. En la Eucaristía se celebra la vida: es la reunión de todos los elementos materiales del cosmos, su aparición a nivel consciente de cada ser humano y la transformación de la conciencia humana en conciencia Divina. Es la manifestación de lo Divino en medio y a través de la comunidad cristiana. Cuando recibimos la Eucaristía nos convertimos en Eucaristía.

11. Además de estar presente en los sacramentos, Cristo también está presente de manera especial en cada crisis y evento importante de nuestras vidas.

12. El pecado personal es negarse a responder a la llamada de Cristo, que es la gracia. Es descuidar de forma deliberada nuestras propias y legítimas necesidades y las de los demás. Es lo que refuerza y forma el "Falso Yo".

13. La esencia básica de nuestro ser, que es buena, es también dinámica y tiende a crecer por sí misma. Hay cosas que impiden este crecimiento, tales como las ilusiones y traumas emocionales del "Falso Yo" las influencias negativas que provienen de nuestros condicionamientos culturales, y el pecado personal.

14. Lo que nos ayuda a distinguir entre cómo operan el auténtico y el falso Yo en determinadas circunstancias, son: escuchar la palabra de Dios en las Sagradas Escrituras y en la liturgia, sumergirse en Dios en la oración y responder a sus inspiraciones.

15. Dios no es un Ser remoto, inaccesible e implacable que exige de Sus criaturas perfección instantánea y de cuyo amor tenemos que tratar de hacernos dignos. No es un tirano a quien debe obedecérsele porque inspira terror, ni un policía que a toda hora nos vigila, ni un juez malvado buscando la oportunidad para dar el veredicto de culpabilidad. Nuestra relación con Él debe demostrar cada vez menos el concepto de premio y castigo y cada vez más el de obsequio o todavía mejor, el de dejar que actúe el amor divino.

16. El amor divino es compasivo, dulce, luminoso, se da a sí mismo sin esperar nada, uniéndolo todo.

17. Al experimentar el amor de Dios somos capaces de aceptar nuestro Falso Yo tal como es, para luego dejarlo ir y emprender el camino hacia nuestro auténtico Yo. Esa travesía hacia nuestro auténtico Yo es el camino que conduce al amor divino.

18. La certeza, cada vez más clara, de la existencia de nuestro auténtico Yo, que viene acompañada de una gran paz espiritual y alegría, sirve para contrarrestar el dolor psíquico que trae consigo la desintegración y muerte del "Falso Yo". Al ir disminuyendo las fuerzas motivadoras del "Falso Yo" nuestro auténtico Yo crea uno completamente nuevo que tiene como fuerza motivadora el amor divino.

19. La edificación de nuestro "nuevo Yo" estará marcada irremediablemente por un sinnúmero de errores y algunas veces por actos pecaminosos. No importa lo serios que sean esos errores, son insignificantes comparados con la inviolable bondad del Yo verdadero. Debemos pedir perdón a Dios y a aquéllos a quienes hayamos ofendido, y luego actuar con renovada confianza y energía, como si nada hubiese sucedido.

20. Todo sentimiento de culpa prolongado, penetrante o paralizante, es producto del "Falso Yo". Cuando el sentimiento de culpa lo origina un pecado personal o la injusticia social, no trae descorazonamiento sino propósito de enmienda; es una llamada a la conversión.

21. Una manifestación de progreso en la travesía espiritual es la aceptación incondicional de los demás, comenzando por aquellos con los cuales vivimos.

22. Una comunidad de fe es un gran apoyo porque ofrece buen ejemplo, corrección, y mutuo sostén en la travesía espiritual. Pero lo que más ata los lazos de la comunidad en la búsqueda comunitaria de transformarse y llegar a unirse a Dios, es la participación en el misterio

de Cristo cuando se celebra la Liturgia, la Eucaristía y se ora en silencio. La presencia de Cristo es mutuamente compartida por todos y se convierte en algo tangible en la comunidad, especialmente cuando se reúne para una celebración o para un trabajo o servicio para la gente necesitada.

23. Cuando hay moderación en los deseos instintivos que son parte del desarrollo del organismo humano, y que buscan supervivencia y seguridad, afecto y estima, control y poder, las verdaderas necesidades humanas se podrán enfocar mejor. Sobresale entre estas la intimidad con una o más personas. Al hablar de intimidad me refiero a cuando se comparten ideas, sensaciones, problemas y aspiraciones espirituales, y que gradualmente hacen que se desarrolle una amistad espiritual.

24. La amistad espiritual que incluya el abrirse sinceramente y revelarse sin ocultar nada, es un ingrediente esencial, no solo en el matrimonio sino también en el celibato. El experimentar intimidad con una o varias personas expande y profundiza nuestra capacidad para relacionarnos con Dios y con los demás. La energía sexual, bajo la influencia del amor Divino, se transforma gradualmente en compasión universal.

25. La irradiación espiritual de una comunidad depende del compromiso que sus miembros hayan adquirido de emprender el camino espiritual hacia uno mismo y hacia los demás miembros. Parte integral de este compromiso es darle a los demás el espacio que necesitan para su crecimiento personal.

26. La oración contemplativa, en el sentido tradicional de la palabra, es la dinámica que inicia, acompaña y lleva el proceso de transformación hasta su fin.

27. Reflexionar sobre la Palabra de Dios en las Escrituras y en nuestra vida personal, es el fundamento de la oración contemplativa. El dejar ir los pensamientos y

ciertos sentimientos de forma espontánea durante la oración, es una señal de progreso en la contemplación. La oración contemplativa se caracteriza, no tanto por la ausencia de pensamientos y sentimientos, como por el desapego de los mismos.

28. La meta de una práctica genuinamente espiritual no es el rechazo de lo que es bueno en el cuerpo, la mente y el espíritu, sino el uso correcto de éstos. Ningún aspecto de la naturaleza humana, o de un período en su existencia, debe rechazarse, sino más bien irlos integrando en los niveles sucesivos en que se va desplegando el nivel consciente; de esta manera se preservará la bondad parcial de cada período del desarrollo humano y sólo sus limitaciones se descartarán. Vemos entonces que la única forma de llegar a ser divinos es siendo primero enteramente humanos.

29. La práctica de una disciplina espiritual es esencial al comenzar la travesía espiritual, puesto que nos ayuda a desarrollar los fundamentos de la dimensión contemplativa en la vida: Dedicación y devoción a Dios, y servicio a los demás. Nuestra práctica diaria debe incluir un tiempo para la oración contemplativa y un programa para ir dejando de lado el "Falso Yo".

30. Estar en silencio y a solas durante períodos regulares ayuda a relajar la mente, promueve el silencio interior, e inicia la dinámica del autoconocimiento.

31. Estar a solas no involucra simplemente un lugar solitario, sino una actitud, un compromiso total con Dios. Cuando se pertenece a Dios por completo, continuamente aumenta el deseo de compartir la vida y los dones recibidos, con él.

32. La Bienaventuranza que menciona a los pobres de espíritu surge del reconocimiento cada vez más claro del auténtico Yo. Es una combinación de actitudes, la una de total desprendimiento hacia todo, la otra de sentirse uni-

do a todo y al mismo tiempo presente. La libertad interior de aceptar el poseer mucho o poseer poco, y la simplificación del propio estilo de vida, indican la presencia de la pobreza de espíritu.

33. La castidad se diferencia del celibato, que es el compromiso de abstenerse de la expresión genital de nuestra sexualidad. Castidad es la aceptación de nuestra energía sexual, conjuntamente con las cualidades masculinas y femeninas que la acompañan, y la integración de esta energía en nuestra espiritualidad. Es la práctica de moderación y autocontrol en el uso de nuestra energía sexual.

34. La castidad embellece y acrecienta la capacidad para amar. Percibe lo sagrado en todo lo existente. Como consecuencia, respeta la dignidad de las demás personas y por lo tanto, reconoce que no se las puede usar para disfrute propio.

35. Obediencia es la aceptación incondicional de Dios tal como es y como se manifiesta en nuestras vidas, puesto que la voluntad de Dios no es de inmediato evidente. La docilidad nos predispone a seguir todas las indicaciones de Su voluntad. El discernimiento pasa por un tamiz la evidencia y luego decide, iluminado por la atracción interior de la gracia, cuál es la voluntad de Dios para nosotros en el momento presente.

36. Humildad es una actitud de sinceridad para con Dios, con uno mismo, y con todo lo que nos rodea. Nos capacita para no alterarnos ante nuestra total impotencia y para poder encontrar paz y descanso en el olvido de sí mismo.

37. Esperanza es algo que nace de experimentar continuamente la compasión y ayuda divinas, y paciencia es la esperanza en acción. Se espera la ayuda redentora de Dios sin ceder, desesperar o alejarse, por el período de tiempo que sea necesario.

38. La desintegración y muerte de nuestro "Falso Yo" es nuestra participación en la pasión y muerte de Jesús. La creación de nuestro "nuevo Yo", basado en el poder transformador del amor divino, es nuestra participación en Su resurrección.

39. Al comienzo los traumas emocionales son el obstáculo principal para el crecimiento de nuestro "nuevo Yo" porque someten nuestra libertad a una camisa de fuerza. Más adelante el mayor obstáculo será el orgullo espiritual debido a la satisfacción sutil que emana del poderse controlar. Y por último, el principal obstáculo viene a ser la autoreflexión, puesto que impide la inocencia de la unión divina.

40. El esfuerzo humano depende enteramente de la gracia. Sea cual fuese el grado de unión divina que alcancemos, éste no guarda relación con nuestro esfuerzo. Es un don puro de amor divino.

41. Jesús no enseñó un método específico de meditación o disciplina corporal para aquietar la imaginación, la memoria o las emociones. Debemos elegir una práctica espiritual que se adapte a nuestro temperamento y disposición de ánimo en particular. Así mismo debemos estar dispuestos a dejarlo de lado cuando el Espíritu nos llame para que nos sometamos a que nos guíe directamente. Él está por encima de todo método o práctica. Seguir su inspiración es el camino seguro a la libertad perfecta.

42. Lo que Jesús propuso a sus discípulos como el Camino a seguir, fue su propio ejemplo: olvidarse de todo y de todos y servir a los demás en sus necesidades. "Amaos los unos a los otros como yo os he amado".

APÉNDICE 1
Oración en la actividad

La función de la palabra sagrada es la de conducir al silencio. Por tanto debe ser corta, de una o dos sílabas. La oración en la actividad, que se extrae de las Escrituras para ser usada en la vida cotidiana, debe ser más larga de cinco a nueve sílabas. La recitación de dichas sílabas se sincroniza con los latidos del corazón. En tanto que algunas personas prefieren tener una variedad de frases con este propósito, es más fácil grabarse una sola en el subconsciente. Esta práctica ofrece la gran ventaja de que eventualmente se convierte en una especie de "grabación" similar a las que acompañan las emociones aflictivas. Cuando esto sucede, la frase tiene el increíble efecto de borrar las grabaciones viejas y proveer una zona neutral en la cual el sentido común o el Espíritu de Dios pueden sugerir libremente que hacer.

Esta oración deberá repetirse una y otra vez durante el tiempo libre si se quiere grabar en el subconsciente, puesto que las grabaciones viejas fueron grabadas a fuerza de actos repetidos, y se puede lograr lo mismo con las nuevas "grabaciones". Se puede tardar un año en lograrlo, pero llegará un momento en que se dirá espontáneamente. Es posible que uno despierte diciéndola o que la diga en sueños.

Establece esta práctica sin ansiedad, apuro o esfuerzo excesivo. No te sientas culpable cuando algunos días se te olvide, por el contrario debes comenzar de nuevo. No debe decirse cuando la mente esté ocupada con otras cosas como por ejemplo cuando se está estudiando, conversando o haciendo un trabajo que requiera concentración.

Algunos ejemplos de la oración para la vida activa:

Venga a nosotros tu reino. Hágase tu voluntad.
Señor, ven en mi auxilio.
O Dios, ven pronto a socorrerme.
Santa María, Madre de Dios.
Permanece en mi amor.
Mi Dios y mi todo.
Jesús mío, ¡misericordia!
Kyrie Eleison.
Veni Sancti Spiritus.
Gloria in Excelsis Deo.
Agnus Dei, dona nobis pacem.
Soy todo tuyo, Señor.
Alma de Cristo, santifícame.
Toma, Señor, recibe todo lo que poseo.
Alma mía, bendice al Señor.
¡Que mi corazón se abra a tu amor!
Señor, me doy completamente a Ti.
Mi Señor y mi Dios.
Cuerpo de Cristo, redímeme.
Señor, aumenta mi fe.
Que no se haga mi voluntad sino la Tuya.
Venga a nosotros tu reino. Hágase tu voluntad.
Jesús, mi luz y mi amor.
¡Mi ser te glorifique, Señor!
Por Él, con Él, en Él.
Nuestra ayuda viene en el nombre del Señor.
Espíritu Santo ¡ora en mí!
Señor, hágase en mí tu voluntad.
Habla, Señor, Tu siervo te escucha.

APÉNDICE 2
El grupo de apoyo semanal

En tanto que la oración centrante se hace con más frecuencia en privado, se ha comprobado que el compartir la experiencia en un grupo pequeño, que no exceda de quince personas, es de gran ayuda, a la vez que una fuente de educación continua. También sirve la reunión semanal para sentirse comprometido, en el sentido de que sólo el hecho de saber que el grupo se va a reunir semanalmente es un estímulo para seguir o una invitación para retornar a la práctica de la oración centrante cuando circunstancias especiales, tales como una enfermedad, negocios, problemas familiares, o quehaceres urgentes han hecho imposible por un corto lapso cumplir con el compromiso de practicar la oración a diario.

Al compartir la experiencia de la oración centrante con otras personas, se agudiza el discernimiento propio de los altibajos de la práctica. El grupo pasa a ser una fuente de aliento y por lo general puede resolver problemas que podrían surgir con respecto al método. Este discernimiento colectivo del grupo suele ser muy equilibrado.

Se sugiere el siguiente formato para la reunión semanal.

Sitio: colocar las sillas en círculo.

Formato:

1. Hacer una caminata lenta, meditativa, moviéndose en una sola fila formando un círculo alrededor del recinto. Cada persona que va llegando se une al círculo. Hacer esto durante unos 10 minutos.

2. Un breve Oficio, o Cántico, durante cuatro o cinco minutos.

3. Un período de oración centrante. Escoger entre las siguientes opciones:
   a. Orar sentados durante 20 minutos.
   b. Orar durante dos períodos consecutivos, separados por una caminata meditativa. En ambos casos concluir con una pausada recitación del Padre Nuestro por el dirigente o dos minutos de silencio, antes de regresar de nuevo a la forma de pensar ordinaria.

4. "Lectio Divina": Al comienzo se pueden usar las "Pautas para la vida, desarrollo y transformación cristianas" (Capítulo Trece) como un medio para desarrollar la base del concepto necesario para practicar la oración centrante. Discutir en el grupo cómo cada pauta se relaciona con la experiencia de cada uno en su vida. También sería útil usar textos o pasajes de la Biblia o una lectura de algún libro sobre la oración contemplativa. Destinar unos treinta a cuarenta y cinco minutos para compartir. Evitar debates sobre asuntos teológicos, filosóficos o bíblicos.

El propósito de la reunión es refrescarse espiritualmente y alentarse mutuamente para continuar la práctica.

APÉNDICE 3
Una meditación

Comenzamos nuestra oración preparando el cuerpo, el cual debe estar relajado y calmado, a la vez que alerta interiormente.

La raíz de la oración es silencio interior. Puede ser que nuestra noción de orar sea que cada uno exprese en palabras sus pensamientos o sentimientos. Pero esto representa sólo una expresión. En la oración profunda se hacen a un lado los pensamientos. Se abren la mente y el corazón, el cuerpo y los sentimientos, nuestro ser entero, a Dios, el Misterio Máximo, más allá de toda palabra, pensamiento o emoción. Ni les prestamos resistencia ni tratamos de reprimirlos, sino que los aceptamos tal como son y los dejamos atrás, no por medio de un esfuerzo, sino simplemente dejándolos pasar. Abrimos nuestra percepción a ese Misterio Máximo que con fe creemos mora en nuestro interior y está más próximo que nuestra propia respiración, que nuestro pensar, que nuestro albedrío, que nuestra propia conciencia. El Misterio Máximo es el terreno en el cual están nuestras raíces, la Fuente de la cual surge nuestra vida en todo momento.

Estamos ahora enteramente presentes, con la totalidad de nuestro ser, receptivos, en oración profunda. El pasado y el futuro, el tiempo mismo, son olvidados. Estamos en la presencia del Máximo Misterio. Esta Presencia divina nos rodea y nos penetra, igual que el aire que respiramos, es algo diferente pero nunca se separa de nosotros. Podemos sentir esta Presencia llamándonos desde adentro como si tocase nuestro espíritu y lo abrazase, o llevándonos más allá de nuestro propio ser hasta llegar al más puro nivel consciente.

Nos vence la atracción del silencio interior, de tranquilidad y de paz. No tratamos de sentir nada ni de reflexionar sobre algo. Sin ningún esfuerzo, sin ni siquiera intentarlo, nos sumergimos en la Presencia, dejando a un lado todo lo demás. Dejamos que el amor se exprese en el simple deseo de ser uno con la Presencia, de olvidarse de sí mismo y de descansar en el Misterio Máximo.

Esta Presencia, ¡aunque es inmensa, es tan humilde; aunque es admirable, es tan dulce; aunque ilimitada, es tan íntima, tierna y personal! "Sé" que me "conoce" Todo en mi vida se torna transparente en su Presencia. Conoce todo lo que a mí concierne, mi debilidad, mi condición humana, mi pecaminosidad, y a pesar de todo, me ama infinitamente. Es una Presencia que sana, fortalece y refresca, por el sólo hecho de estar presente. No juzga, se da sin esperar recompensa alguna, su compasión no conoce límites. Es como regresar al hogar que nunca debí abandonar, a un reconocimiento que supe siempre que existía pero que no veía. No puedo lograr este reconocimiento por mi propio esfuerzo. Se abre una puerta dentro de mí, pero desde el otro lado. Parece que he probado antes esta misteriosa dulzura de la Presencia que me abraza y que me inunda. Es al mismo tiempo vacío y plenitud.

Esperamos pacientemente, en silencio, abiertos y atentos en la quietud, sin movimiento alguno interior o exterior. Nos rendimos ante la atracción de quedarnos quietos, de ser amados, de sólo "ser".

¡Cuán frívolo es todo lo que me altera y descorazona! Tomo la resolución de renunciar a los deseos que desatan las emociones que me atormentan. Habiendo saboreado lo que es paz verdadera, puedo dejarlas ir todas. Por supuesto que voy a tropezar y caer, porque conozco mi debilidad. Pero me incorporo, de inmediato porque tengo una meta. He encontrado mi hogar, sé dónde está.

APÉNDICE 4
La oración centrante

Antecedentes teológicos

La gracia de Pentecostés afirma que Jesús resucitado está entre nosotros como el Cristo glorificado. Cristo vive en cada uno de nosotros como el Iluminado, presente en todas partes y en todos los tiempos. Él es el Maestro viviente que prometió enviar al Espíritu Santo a morar dentro de nosotros y para dar testimonio de Su resurrección. El Espíritu da este testimonio ayudándonos a experimentar y a manifestar los Frutos del Espíritu y las Bienaventuranzas, en la oración y en la acción.

Lectio Divina

La Lectio Divina es la forma más tradicional de cultivar la amistad con Cristo. Es un medio para escuchar los textos de las Escrituras como si estuviéramos en conversación con Cristo y él estuviera sugiriéndonos los tópicos de la charla. El encuentro diario con Cristo y la reflexión sobre Su Palabra nos lleva, más que a un mero conocimiento, a una actitud de amistad, confianza y amor. La conversación se simplifica y se convierte en comunión. San Gregorio Magno (Siglo VI), sintetizó la tradición contemplativa cristiana al llamarla "descansar en Dios" éste fue el significado clásico de la oración contemplativa durante los primeros dieciséis siglos de cristianismo.

La Oración Contemplativa

La Oración Contemplativa nace y se desarrolla normalmente por la gracia del bautismo y la práctica regular de la Lectio Divina. La oración podría considerarse la formulación en palabras de pensamientos o sentimientos, pero esta es una sola forma de expresión. En la Oración Contemplativa se dejan a un lado los pensamientos; la mente y el corazón, todo el ser, se abre a Dios, el Misterio Máximo, más allá de los pensamientos, las palabras y las emociones. Nuestra fe nos enseña que Dios está dentro de nosotros y conscientemente nos abrimos a ese Dios que sabemos está más cerca que nuestro pensar, que nuestro respirar, que nuestro juicio, que nuestra misma conciencia. La oración contemplativa es un proceso de transformación interior, que conduce, si nosotros consentimos, a la unión divina.

El Método de la Oración Centrante

El método de la Oración Centrante ha sido diseñado para profundizar la relación con Cristo que comenzó con la "lectio divina" y para facilitar el desenvolvimiento de la oración contemplativa al preparar nuestras facultades para que cooperen con este don. Es un intento de presentar las enseñanzas de los primeros tiempos, como por ejemplo las de *La Nube del No Saber* de una forma contemporánea, ordenada y metódica. No se trata de reemplazar otras formas de oración sino simplemente de colocarlas en una nueva perspectiva, más completa. Durante el período de tiempo que estamos en oración consentimos a la presencia y acción de Dios en nosotros. En otros momentos nuestra atención se enfoca hacia lo que nos rodea y descubrir la presencia de Dios en todo.

PAUTAS

1. Elegimos una palabra sagrada como el símbolo de nuestra intención de abrirnos consentir a la Presencia y acción de Dios en nuestro interior.
2. Sentándonos confortablemente y con los ojos cerrados, nos sosegamos y silenciosamente introducimos la palabra sagrada como símbolo de nuestro consentimiento a la Presencia y acción de Dios en nuestro interior.
3. Cuando nos damos cuenta de pensamientos, o percepciones, regresamos siempre muy sosegadamente a la palabra sagrada.
4. Al final del período de oración permanecemos en silencio, con los ojos cerrados, por un par de minutos.

EXPLICACIÓN DE LAS PAUTAS

1. "Elegimos una palabra sagrada como el "símbolo" de nuestra intención de abrirnos y consentir a la presencia y acción de Dios en nuestro interior". (Cap. Cinco)
   a. La palabra sagrada expresa nuestra intención de estar en la presencia de Dios y de rendirnos a la acción divina.
   b. La palabra sagrada debería elegirse por medio de una oración, pidiéndole al Espíritu Santo que nos ayude a elegir una palabra que sea apropiada para nosotros. Ejemplos: Señor, Jesús, Abba, Padre, Madre.

   Otros ejemplos: Amor, Paz, Shalom, Quietud.
   c. Después de escoger una palabra sagrada no la cambiaremos durante el período de oración; pues esto significaría comenzar de nuevo.
   d. Para algunas personas puede resultar más fácil una simple mirada interior que la palabra sagrada. En este caso se consiente a la presencia y acción de Dios al dirigir nuestra mirada hacia dentro de

nosotros, como si estuviésemos contemplándolo. Si se hace esto, se aplicarán las mismas pautas que se mencionaron para la palabra sagrada.

2. "Sentados confortablemente, cerramos los ojos, nos sosegamos, y silenciosamente introducimos la palabra sagrada como el símbolo de nuestro consentimiento a la presencia y acción de Dios en nuestro interior".

a. El "sentarse confortablemente" quiere decir relativamente cómodo, no al extremo de inducir al sueño, pero sí lo suficientemente cómodo para evitar el tener que apercibirse de alguna molestia física durante la oración.
b. Cualquiera que sea la posición que escojamos, la espalda debe estar recta.
c. Si nos venciera el sueño y disponemos de más tiempo, podríamos extender la oración durante unos minutos adicionales.
d. Rezar de esta forma después de una comida completa podría producir somnolencia, por lo cual se recomienda esperar una hora para practicar la oración. Por otro lado, practicarla antes de dormir puede alterar el sueño.
e. Cerramos los ojos para no prestar atención a lo que sucede a nuestro alrededor, así como tampoco prestamos atención a lo que sucede dentro.
f. Introducimos la palabra sagrada con la misma suavidad con que una pluma de ave se posaría sobre un pedazo de algodón.

3. "Cuando nos demos cuenta de pensamientos o percepciones, siempre regresaremos muy sosegadamente a la palabra sagrada".

a. Los términos "pensamientos" y "percepciones" son palabras generales que en este contexto incluyen sentimientos, imágenes, recuerdos, reflexiones y comentarios.

b. Estos pensamientos y percepciones forman y son parte normal de la oración centrante.
c. El "regresar muy sosegadamente a la palabra sagrada" debe requerir un esfuerzo mínimo. Es la "única" actividad durante la oración centrante.
d. La palabra sagrada podrá convertirse en algo vago o indefinido, y aún desaparecer durante el transcurso del período de oración.

4. "Al final del período de oración, permanecemos con los ojos cerrados, en silencio, por un par de minutos".
a. Si la oración centrante se hace en grupo, el mediador puede recitar lentamente el Padre Nuestro durante ese par de minutos adicionales, mientras los demás escuchan.
b. Se recomiendan los dos o tres minutos adicionales para darle tiempo al cuerpo a ajustarse de nuevo a la percepción exterior de los sentidos y para ayudarnos a llevar la atmósfera de silencio a nuestra vida diaria.

Algunos puntos prácticos

1. El tiempo mínimo para practicar esta oración debe ser de 20 minutos. Se recomiendan dos períodos en el día, uno por la mañana y otro por la tarde o noche.
2. Para indicar que ha terminado el período de oración, puede usarse un cronómetro, siempre que no tenga un tictac audible o un sonido estridente al final.
3. Los efectos principales de la oración centrante se notan en la vida diaria y no durante el período de oración.
4. Posibles síntomas físicos:
a. Pueden presentarse dolores, picazón o una contracción en alguna parte del cuerpo, o una especie de inquietud general. Por lo general esto indica que se ha desatado un nudo emocional.

b. Puede notarse una sensación de peso o de ligereza en las extremidades. Por lo general esto indica un nivel profundo de atención espiritual.
c. En ninguno de estos casos les prestamos atención, o le permitimos a la mente reposar unos instantes en la sensación antes de retornar a la palabra sagrada.

5. La "Lectio Divina" provee una base conceptual sólida para el desarrollo de la Oración Centrante.

6. Un grupo de apoyo que ora en comunidad una vez por semana ayuda a mantener la práctica.

Cómo extender los Efectos de la Oración Centrante a la Vida Diaria

1. Practicando dos períodos diarios de Oración Centrante.

2. Leyendo con regularidad las Escrituras y estudiando las secciones de este libro que se refieren al método en sí.

3. Practicando una o dos de las prácticas que se sugieren en el Capítulo Doce.

4. Uniéndose a un grupo de apoyo que practique la oración centrante, o a un programa de seguimiento, si éstos existen en su área.
   a. La reunión del grupo alienta a sus miembros a perseverar en privado.
   b. Provee la oportunidad de crecimiento espiritual por medio de cintas grabadas, lecturas y discusión.

Puntos adicionales para un Continuo Desarrollo

Se pueden distinguir varios tipos de pensamientos durante un período de oración (Capítulos 6 al 10).
   a. Divagaciones de la mente o la memoria.
   b. Pensamientos atractivos o repulsivos.

c. Ideas o descubrimientos de orden psicológico.
d. Autoreflexión. ¿Estaré haciendo esto bien? O, ¡Qué paz!
e Pensamientos que surgen cuando el subconsciente se descarga.

2. Durante esta oración nosotros tratamos de no dar cabida a analizar lo que experimentamos, a alimentar expectativas o fijarnos una meta específica como:
a. Repetir la palabra sagrada continuamente.
b. El no tener pensamientos.
c. Poner la mente en blanco.
d. Lograr sentir paz y consuelo.
e. Lograr una experiencia espiritual.

3. Lo que la Oración Centrante no es:
a. No es una técnica.
b. No es un ejercicio de relajamiento.
c. No es una forma de auto hipnosis.
d. No es uno de los dones carismáticos.
e. No es un fenómeno parapsicológico.
f. No se limita a "sentir" la presencia de Dios.
g. No es una meditación reflexiva o una oración afectiva.

4. Lo que la Oración Centrante Sí es:
a. Es al mismo tiempo una relación con Dios y una disciplina para fomentar esa relación.
b. Es un ejercicio de fe, esperanza y caridad.
c. Es un movimiento que va más allá de una conversación con Cristo, es comunión con él.
d. Hace que nos habituemos al lenguaje de Dios, que es el silencio.

APÉNDICE 5
Un breve encuentro histórico de "Contemplative Outreach"

ORACIÓN CENTRANTE

En el transcurso de los primeros dieciséis siglos de la historia de la Iglesia, la meta reconocida de la espiritualidad cristiana, tanto por el clero como por los laicos, era la oración contemplativa. Esta tradición prácticamente desapareció después de la Reforma, al menos como una tradición viviente. Tan sólo en el siglo XX, con el advenimiento de los diálogos entre distintas culturas y con las investigaciones históricas, es cuando ha comenzado la recuperación de la tradición contemplativa cristiana. El método de la oración centrante, visto en el contexto de la tradición de "lectio divina" está haciendo su aporte a esta renovación.

Durante la década de 1970 a 1980, un grupo de monjes trapenses continuó con este empeño en la Abadía de San José, en Spencer, Massachusetts. En 1975 los Padres William Menninger y Basil Pennington desarrollaron la práctica contemplativa que llamaron Oración Centrante, basándose en la obra clásica del siglo XIV *La Nube del No Saber*. Este método de oración fue presentado en la casa de huéspedes en Spencer, primero al clero y más adelante al laicado. Fue tan positiva la acogida que se le dio, que se continuaron presentando numerosos talleres y el Padre Thomas Keating diseñó un taller avanzado para entrenar a las personas que pudieran y quisieran convertirse en maestros del mismo.

Contemplative Outreach

En 1981 el Padre Keating renunció a su posición de Abad de San José y se mudó al Monasterio de San Benito, en Snowmass, Colorado. Empezaron a brotar en diferentes partes del país solicitudes para que se comunicara la oración centrante y para que se brindara la oportunidad de experimentarla en forma más intensiva. En 1983 se hizo el primer Retiro Intensivo de Oración Centrante en la Fundación Lama en San Cristóbal, Nuevo Méjico. Desde entonces hasta el presente, estos Retiros continúan ofreciéndose en el Monasterio de San Benito en Snowmass y en varios otros lugares, y también se presentan los talleres de formación.

Organización

El creciente interés en la oración centrante y la formación de grupos de oración en ciertas áreas del país creó la necesidad de fundar una organización.

En 1984 se estableció "Contemplative Outreach Ltd." para que coordinara los esfuerzos de presentar el método de la oración centrante a las personas que estuvieran buscando una vida de oración más profunda y crear un sistema que les sirviera de apoyo y los alentara en el compromiso que habían adquirido. En 1986 se abrieron las oficinas de Contemplative Outreach a nivel nacional.

En el momento de publicarse este libro existen innumerables regiones que participan activamente, incluyendo algunas internacionales. Para mayor información y detalles sobre los materiales que se pueden obtener se puede contactar con el personal en la Oficina Internacional:

E-Mail: office@coutreach.org

Contemplative Outreach
10 Park Place, Suite 2-B
P.O. Box 737
Butler, NJ 07405
Fax: 973-492-5795
Tel.: 973-838-3384
E-Mail: office@coutreach.org

En 1999 se estableció "Extensión Contemplativa Internacional", como cuyo nombre indica, es una extensión de Contemplative Outreach para nuestras comunidades de habla hispana, con nuestra propia Junta Directiva y oficinas en Orlando y Miami. La dirección de las oficinas principales en Orlando es:

Extensión Contemplativa Internacional
284 Curlew Cir.
Altamonte Springs, FL 32701-7658
Tel. 407-767-8271
Fax: 407-767-6414
E-Mail: ireissner@prodigy.net

GLOSARIO DE PALABRAS

Atención: el enfoque hacia un objeto en particular como la palabra de Dios en las Escrituras, la respiración, una imagen o un concepto.

Atención espiritual: la amorosa y total atención a la presencia de Dios en pura fe, bien sea en una sensación de unidad inconfundible con él o en una atención más personal a una de las Personas de la Trinidad.

Auténtico Yo: la creación de cada ser humano por Dios a su imagen y semejanza; nuestra participación en la vida divina, manifestada en que cada ser es único, sin igual.

Bienaventuranzas (Mateo 5, 1-10): se desarrollan y derivan de los frutos del Espíritu.

Caminata contemplativa: una caminata lenta y meditativa de cinco a siete minutos, que se recomienda cuando se hacen dos o más períodos de oración seguidos. Tiene como objeto disipar la inquietud que puede aparecer como resultado de permanecer en una misma posición por un período de tiempo más prolongado que el que uno acostumbra, y para brindar la oportunidad de incorporar la paz interior propia de la oración contemplativa en una actividad muy simple.

Conciencia: ser consciente de una percepción en particular o de todas en general. Otra definición podría ser conocimiento, o percepción.

Consentimiento: un acto de la voluntad en que se expresa la aceptación de alguien, de algo, o de alguna forma de actuar; la manifestación de la intención.

Contemplación: sinónimo de oración contemplativa.

Contemplación Apofática/Katafática: puede haber un malentendido que haga pensar que existe una oposición entre las dos; en realidad la preparación de las facultades (práctica katafática) conduce a una contemplación apofática, la cual a su vez es sustentada por las prácticas katafáticas adecuadas.
[a.] Apofática (oscura) el ejercicio de pura fe; descansar en Dios más allá de los conceptos y actos en particular, con excepción del de mantener una atención amorosa en general hacia la divina presencia.
[b.] Katafática (clara) el ejercicio de las facultades de la razón, iluminadas por la fe: reflexión, respuesta afectiva hacia los símbolos, y el uso de la razón, imaginación y memoria para poder asimilar las verdades de la fe.

Descarga del inconsciente: la aparición en el consciente de material emotivo proveniente de la primera infancia que hasta entonces estaba sepultado en el inconsciente en forma de sensaciones primitivas o una barrera de imágenes, especialmente durante el tiempo de oración.

Dones del Espíritu:
[a.] Dones carismáticos del Espíritu (1 Cor 12, 1-13) otorgados primordialmente para alentar a la comunidad cristiana.

[b.] Los Siete Dones del Espíritu. (Is 11, 2) disposición habitual por medio de la cual somos capaces de percibir y ejecutar, tanto en la oración como en la acción, lo que el Espíritu Santo nos inspira.

El Método de la oración contemplativa: cualquier práctica de oración, bien sea que se desenvuelva espontáneamente o que esté específicamente diseñada para liberar la mente de su dependencia excesiva del pensamiento para poder ir hacia Dios.

[a.] Prácticas espontáneas que se encaminan naturalmente hacia la contemplación: Lectio Divina, la Veneración de un Icono, el Rosario, y la mayoría de las devociones tradicionales de la iglesia, cuando se usan debidamente.

[b.] Prácticas diseñadas específicamente para facilitar la contemplación.

[1.] Concentrada: la Invocación del nombre de Jesús, la práctica mántrica (repetir constantemente una frase o palabra), el método de oración contemplativa de D. John Maine.

[2.] Receptiva: la oración centrante, la oración de fe, la oración del corazón, la oración simple, la oración del silencio, la oración de la simple mirada, el ejercicio del recogimiento, y la contemplación infundida.

[c.] En una escala de 1 a 10, algunas prácticas podrían medirse, unas como más concentradas, otras como más receptivas.

Éxtasis: la suspensión temporal, causada por la acción divina, de todo pensamiento y sensación, y en algunas ocasiones hasta de los sentidos corporales, y que facilita que se pueda experimentar la unión divina.

Falso Yo: el "yo" que se formó a nuestra propia imagen y semejanza en lugar de la de Dios; la imagen que se desarrolló para soportar los traumas emocionales de la primera infancia, y que busca la felicidad en la satisfacción de las necesidades instintivas de afecto, estima, seguridad, supervivencia, poder y control y que basa su propia estima en la identificación con el grupo o la sociedad a que pertenece.

Frutos del Espíritu: (Gal 5, 22-24) Nueve aspectos de la "mentalidad de Cristo", y que manifiestan el crecimiento de la vida divina en nuestro interior.

Intención: deseo de la voluntad de actuar con respecto a alguna meta o propósito.

Lectio Divina: leer, o con más exactitud, escuchar la palabra del Libro que creemos fue inspirado por Dios; el método más antiguo para desarrollar la amistad con Cristo, usando los textos de las Escrituras como tópicos de conversación con él.

Misterio Máximo\Realidad Máxima: la base para una potencialidad y actualización infinitas; un término que enfatiza la trascendencia divina.

Misticismo: sinónimo de contemplación.

Oración Centrante: una forma contemporánea de la Oración del Corazón, la Oración Simple, la Oración de Fe, la Oración de la Simple Mirada; un método que reduce los obstáculos para recibir el don de oración contemplativa y que facilita el desarrollo de ciertos hábitos que conducen a responder a las inspiraciones del Espíritu.

Oración contemplativa: el desarrollo de la relación del individuo con Cristo al punto de estar en comunión con Él más allá de las palabras, los pensamientos, sentimientos, y la multiplicación de actos en particular; un proceso que se mueve de la actividad simplista de estar atento a Dios a la presencia cada vez más predominante de los Dones del Espíritu como el manantial de donde brota la oración de la persona.

Oración mística: sinónimo de oración contemplativa.

Pensamientos: en el contexto del método específico de la oración centrante, se usa este término genérico para cualquier percepción, incluyendo las de los sentidos, sensaciones, imágenes, recuerdos, reflexiones, comentarios, y ciertas percepciones espirituales.

Purificación: una parte esencial del proceso de la contemplación, en que el lado oscuro de nuestra personalidad, las motivaciones mixtas y los sufrimientos emotivos de toda la vida que fueron almacenados en el subconsciente, son gradualmente evacuados; es la preparación necesaria para la unión transformadora.

Silencio Interior: el aquietamiento de la imaginación, los sentimientos y las facultades racionales en el proceso del recogimiento; una atención amorosa y general hacia Dios en actos de fe pura.

Transformación: (unión transformadora) la firme convicción de la presencia permanente de Dios y no una experiencia en particular o una serie de experiencias; es una reestructuración de la conciencia, en la cual la realidad divina se percibe presente en uno mismo y en todo lo que le rodea.

Unión divina: un término que describe tanto una experiencia aislada de todas las facultades con Dios, como el estado permanente de unión llamado Unión transformante.

Vida contemplativa: actividad de la vida cotidiana inspirada por los Dones del Espíritu; el fruto de una actitud contemplativa.

caminos

Director de Colección: FRANCISCO JAVIER SANCHO FERMÍN

1. MA *"nada" y el "todo".*
2. JOSÉ SERNA ANDRÉS: *Salmos del Siglo XXI.*
3. LÁZARO ALBAR MARÍN: *Espiritualidad y práxis del orante cristiano.*
5. JOAQUÍN FERNÁNDEZ GONZÁLEZ: *Desde lo oscuro al alba.*
6. KARLFRIED GRAF DUCKHEIM: *El sonido del silencio.*
7. THOMAS KEATING: *El reino de Dios es como... reflexiones sobre las parábolas y los dichos de Jesús.*
8. HELEN CECILIA SWIFT: *Meditaciones para andar por casa.*
9. THOMAS KEATING: *Intimidad con Dios.*
10. THOMAS E. RODGERSON: *El Señor me conduce hacia aguas tranquilas. Espiritualidad y Estrés.*
11. PIERRE WOLFF: *¿Puedo yo odiar a Dios?*
12. JOSEP VIVES S.J.: *Examen de Amor. Lectura de San Juan de la Cruz.*
13. JOAQUÍN FERNÁNDEZ GONZÁLEZ: *La mitad descalza. Oremus.*
14. M. BASIL PENNINGTON: *La vida desde el Monasterio.*
15. CARLOS RAFAEL CABARRÚS S.J.: *La mesa del banquete del reino. Criterio fundamental del discernimiento.*
16. ANTONIO GARCÍA RUBIO: *Cartas de un despiste. Mística a pie de calle.*
17. PABLO GARCÍA MACHO: *La pasión de Jesús. (Meditaciones).*
18. JOSÉ ANTONIO GARCÍA-MONGE y JUAN ANTONIO TORRES PRIETO: *Camino de Santiago. Viaje al interior de uno mismo.*
19. WILLIAM A. BARRY S.J.: *Dejar que le Creador se comunique con la criatura. Un enfoque de los Ejercicios Espirituales de San Ignacio de Loyola.*
20. WILLIGIS JÄGER: *En busca de la verdad. Caminos - Esperanzas - Soluciones*
21. MIGUEL MÁRQUEZ CALLE: *El riesgo de la confianza. Cómo descubrir a Dios sin huir de mí mismo.*
22. GUILLERMO RANDLE S.J.: *La lucha espiritual en John Henry Newman.*
23. JAMES EMPEREUR: *El Eneagrama y la dirección espiritual. Nueve caminos para la guía espiritual.*
24. WALTER BRUEGGEMANN, SHARON PARKS y THOMAS H. GROOME: *Practicar la equidad, amar la ternura, caminar humildemente. Un programa para agentes de pastoral.*
25. JOHN WELCH: *Peregrinos espirituales. Carl Jung y Teresa de Jesús.*
26. JUAN MASIÁ CLAVEL S.J.: *Respirar y caminar. Ejercicios espirituales en reposo.*
27. ANTONIO FUENTES: *La fortaleza de los débiles.*
28. GUILLERMO RANDLE S.J.: *Geografía espiritual de dos compañeros de Ignacio de Loyola.*
29. SHLOMO KALO: *"Ha llegado el día...".*
30. THOMAS KEATING: *La condición humana. Contemplación y cambio.*
31. LÁZARO ALBAR MARÍN PBRO.: *La belleza de Dios. Contemplación del icono de Andréï Rublev.*
32. THOMAS KEATING: *Crisis de fe, crisis de amor.*

33. JOHN S. SANFORD: *El hombre que luchó contra Dios. Aportaciones del Antiguo Testamento a la Psicología de la Individuación.*
34. WILLIGIS JÄGER: *La ola es el mar. Espiritualidad mística.*
35. JOSÉ-VICENTE BONET: *Tony de Mello. Compañero de camino.*
36. XAVIER QUINZÁ: *Desde la zarza. Para una mistagogía del deseo.*
37. EDWARD J. O'HERON: *La historia de tu vida. Descubrimiento de uno mismo y algo más.*
38. THOMAS KEATING: *La mejor parte. Etapas de la vida contemplativa.*
39. ANNE BRENNAN y JANICE BREWI: *Pasión por la vida. Crecimiento psicológico y espiritual a lo largo de la vida.*
40. FRANCESC RIERA I FIGUERAS, S.J.: *Jesús de Nazaret. El Evangelio de Lucas (I), escuela de justicia y misericordia.*
41. CEFERINO SANTOS ESCUDERO, S.J.: *Plegarias de mar adentro. 23 Caminos de la oración cristiana.*
42. BENOÎT A. DUMAS: *Cinco panes y dos peces. Jesús, sus comidas y las nuestras. Teovisión de la Eucaristía para hoy.*
43. MAURICE ZUNDEL: *Otro modo de ver al hombre.*
44. WILLIAM JOHNSTON: *Mística para una nueva era. De la Teología Dogmática a la conversión del corazón.*
45. MARIA JAOUDI: *Misticismo cristiano en Oriente y Occidente. Las enseñanzas de los maestros.*
46. MARY MARGARET FUNK: *Por los senderos del corazón. 25 herramientas para la oración.*
47. TEÓFILO CABESTRERO: *¿A qué Jesús seguimos? Del esplendor de su verdadera imagen al peligro de las imágenes falsas.*
48. SERVAIS TH. PINCKAERS: *En el corazón del Evangelio. El "Padre Nuestro".*
49. CEFERINO SANTOS ESCUDERO, S.J.: *El Espíritu Santo desde sus símbolos. Retiro con el Espíritu.*
50. XAVIER QUINZÁ LLEÓ, S.J.: *Junto al pozo. Aprender de la fragilidad del amor.*
51. ANSELM GRÜN: *Autosugestiones. El trato con los pensamientos.*
52. WILLIGIS JÄGER: *En cada ahora hay eternidad. Palabras para todos los días.*
53. GERALD O'COLLINS: *El segundo viaje. Despertar espiritual y crisis en la edad madura.*
54. PEDRO BARRANCO: *Hombre interior. Pistas para crecer.*
55. THOMAS MERTON: *Dirección espiritual y meditación.*
56. MARÍA SOAVE: *Lunas... Cuentos y encantos de los Evangelios.*
57. WILLIGIS JÄGER: *Partida hacia un país nuevo. Experiencias de una vida espiritual.*
58. ALBERTO MAGGI: *Cosas de curas. Una propuesta de fe para los que creen que no creen.*
59. JOSÉ FERNÁNDEZ MORATIEL, O.P.: *La sementera del silencio.*
60. THOMAS MERTON: *Orar los salmos.*
61. THOMAS KEATING: *Invitación a amar. Camino a la contemplación cristiana.*
62. JACQUES GAUTIER: *Tengo sed. Teresa de Lisieux y la madre Teresa.*
63. ANTONIO GARCÍA RUBIO: *Aún queda un lugar en el mundo.*
64. ANSELM GRÜN: *Fe, esperanza y amor.*

65. MANUEL LÓPEZ CASQUETE DE PRADO: *Regreso a la felicidad del silencio.*

66. CHRISTOPHER GOWER: *Hablar de sanación ante el sufrimiento.*

67. KATTY GALLOWAY: *Luchando por amar. La espiritualidad de las bienaventuranzas.*

68. CARLOS RAFAEL CABARRÚS: *La danza de los íntimos deseos. Siendo persona en plenitud.*

69. FRANCISCO JAVIER SANCHO FERMÍN, O.C.D.: *El cielo en la Tierra. Sor Isabel de la Trinidad.*

70. THOMAS MERTON: *Paz en tiempos de oscuridad. El testamento profético de Merton sobre la guerra y la paz.*

71. XAVIER QUINZÁ LLEÓ, S.J.: *Dios que se esconde. Para gustar el misterio de su presencia.*

72. THOMAS KEATING: *Mente abierta, corazón abierto. La dimensión contemplativa del Evangelio.*

73. ANSELM GRÜN - RAMONA ROBBEN: *Marcar límites, respetar los límites. Por el éxito de las relaciones.*

74. TEÓFILO CABESTRERO: *Pero la carne es débil. Antropología de las tentaciones de Jesús y de nuestras tentaciones.*

75. ANSELM GRÜN - FIDELIS RUPPERT: *Reza y trabaja. Una regla de vida cristiana.*

76. MANUEL LÓPEZ CASQUETE DE PRADO: *Las dos puertas. La reconciliación interior en la experiencia del silencio.*

77. THOMAS MERTON: *El signo de Jonás. Diarios (1946-1952).*